# Il me sera difficile de venir te voir

Correspondances littéraires sur les conséquences de la politique française d'immigration

Éric Pessan ◆ Nimrod
Arno Bertina ◆ Driss Jaydane
François Bon ◆ Eugène Ébodé
Brigitte Giraud ◆ Kangni Alem
Marie Cosnay ◆ Raharimanana
Samira Negrouche ◆ Nicole Caligaris
Mourad Djebel ◆ Nathalie Quintane
Pierre Le Pillouër ◆ Sayouba Traoré
Patrick Chatelier ◆ Aristide Tarnagda
Sonia Chiambretto ◆ Gustave Akakpo
Jean-Baptiste Adjibi ◆ Pierre Ménard
Christophe Fourvel ◆ Abdelkader Djemaï
Mohamed Hmoudane ◆ Claude Mouchard

Vents d'ailleurs

**Édition :** Jutta Hepke & Gilles Colleu
**Corrections :** Anne Dellenbach-Pesqué
ISBN 13 : 978-2-911412-56-1

Mél : info@ventsdailleurs.com
www.ventsdailleurs.com

# Sommaire

Préface
Nicole Caligaris et Éric Pessan ..... 7

Éric Pessan ◆ Nimrod ..... 11

Arno Bertina ◆ Driss Jaydane ..... 39

François Bon ◆ Eugène Ébodé ..... 47

Brigitte Giraud ◆ Kangni Alem ..... 59

Marie Cosnay ◆ Raharimanana ..... 73

Samira Negrouche ◆ Nicole Caligaris ..... 111

Mourad Djebel ◆ Nathalie Quintane ..... 135

Pierre Le Pillouër ◆ Sayouba Traoré ..... 155

Patrick Chatelier ◆ Aristide Tarnagda ..... 173

Sonia Chiambretto ◆ Gustave Akakpo ..... 189

Jean-Baptiste Adjibi ◆ Pierre Ménard ..... 207

Christophe Fourvel ◆ Abdelkader Djemaï ..... 225

Mohamed Hmoudane ◆ Claude Mouchard ..... 239

# Préface

En 1975, les exilés du Cambodge arrivaient en France. Embauches, scolarité, logement : leur vie d'étrangers n'était certainement pas facile mais il n'a pas été question de leur interdire l'accès au territoire français, de les poursuivre, de les enfermer, de les chasser. C'était il y a trente-trois ans, trente ans après la Seconde Guerre mondiale. Les politiques restrictives en matière d'immigration débutaient, pourtant l'idée que des milliers de migrants soient réduits aux coups, aux humiliations intentionnelles, aux privations, réduits au pire de la clandestinité par la fermeture des frontières européennes, cette idée n'était pas tolérable.

Pas plus tolérable l'idée que, par milliers, des migrants puissent trouver la mort dans des voyages hautement incertains dont le refoulement serait l'issue annoncée.

En 1980, l'adoption de la loi qui fait du séjour irrégulier un motif d'expulsion est suivie d'une marche nationale. En 1986, des charters rapatriant quelques centaines d'étrangers poussent 15 000 manifestants dans les rues de Paris.

Intolérable encore l'idée que des personnes – qui n'ont commis aucun délit vis-à-vis de la loi et n'en sont même pas soupçonnées – se trouvent saisies par la police, séparées des leurs, qu'elles soient privées de liberté, déplacées, regroupées dans des centres d'enfermement, isolées sur des bateaux comme cela se pratique aux Pays-Bas, isolées dans la forêt comme cela se pratique en Pologne, isolées, y compris les enfants, quelle que soit la méthode, isolées, de la société régulière, soumises encore à des humiliations, privées de la possibilité de faire entendre leur voix, pour une durée qui pourra désormais légalement aller jusqu'à dix-huit mois selon la toute récente loi européenne.

Que la police se voie imposer par le ministère des objectifs à remplir en nombre d'interpellations, que ces objectifs poussent les forces de police à pratiquer des contrôles d'identité ciblés sur certaines nationalités dont l'État d'origine autorise avec largesse les retours contraints, que ces objectifs poussent les forces de police à pratiquer des contrôles sélectifs, selon l'aspect des passants, des contrôles répétitifs dans certains quartiers et non dans d'autres, à pratiquer des interpellations massives que nous nous obstinerons à nommer « rafles », et, pour ce faire, que la police se trouve tentée de piéger la justice en abusant les magistrats afin d'obtenir les autorisations que la loi exige : il y a dix ans, nous n'envisagions pas encore sérieusement de le voir en France.

Qu'en France des étrangers se défenestrent à l'arrivée de la police, que la police se fasse accompagner par les pompiers pour prévenir l'issue tragique de ces paniques, toute cette farce épouvantable, cela non plus, nous n'aurions pas pensé le voir. Désormais c'est non seulement la réalité mais la banalité de cette première décennie du XXI^e^ siècle. La presse en donne des nouvelles régulières, le ministre français responsable de cet état de fait se félicite publiquement de la réussite de son action, de l'efficacité de son ministère, annonçant son score de personnes expulsées par la force avec une fierté dont nous aurons à rougir pour longtemps.

L'odieux est insidieux, nous le savons, il ne vient pas par catastrophe, il se glisse dans le quotidien un pas après l'autre et c'est comme ça qu'il fait adopter le pire, avec un grand hélas, comme si c'était inévitable.

Pour trop connaître cette saleté de mécanique du pied dans la porte, qui, de silences en consentements, désamorce le scandale de tout effet scandaleux, nous ne renoncerons pas à dire notre refus de cette politique qui nous est présentée comme une fatalité par ses auteurs, dont il n'est pas bien malin de dénoncer l'inefficacité lamentable ni bien sorcier de prévoir quelles conséquences à brève échéance, quelles terreurs déjà à l'œuvre, quels redoutables chocs en retour nourrissent sa méprisante violence, pratiquée avec les pincettes de la disculpation confortable. C'est que l'Europe soustraite, à présent, au Maroc, à la Libye, à l'Algérie, aux voisins rendus souples par quelque commerce en cours, ses camps de rétention et de rejet des migrants indésirables.

« À un certain moment, écrit Maurice Blanchot*, face aux événements publics, nous savons que nous devons refuser. Le refus est absolu, catégorique. Il ne discute pas, ni ne fait entendre ses raisons. Quoiqu'il reste silencieux et solitaire, même lorsqu'il s'affirme, comme il le faut, au grand jour. Les hommes qui refusent et qui sont liés par la force du refus, savent qu'ils ne sont pas encore ensemble. Le temps de l'affirmation commune leur a précisément été enlevé. Ce qui leur reste, c'est l'irréductible refus, l'amitié de ce Non certain, inébranlable, rigoureux, qui les rend unis et solidaires. »

C'est à cette formule, « l'amitié de ce Non certain » que tient toute la justification de ce livre.

Et c'est en littéraires que nous prononçons ici notre refus.

Nous n'avons pas la naïveté de croire que des textes changeront le monde ou exerceront la moindre influence sur les managers qui gouvernent, non, nous tenons simplement à l'existence de ce *nolo*, je ne veux pas.

Seulement, nous y tenons comme à la prunelle de nos yeux.

Convaincus qu'écrire c'est faire – ce qu'un texte dit est le prétexte de ce qu'il fait en tant que texte, et qui lui donne son esprit et sa consistance –, nous avons voulu rendre poreux les murs de la citadelle, les rendre, à quelque chose d'improbable, pénétrables : nous avons voulu provoquer des rencontres. En octobre 2007, nous avons envoyé un courriel à une quarantaine d'écrivains pour leur demander d'entreprendre une correspondance, nous leur proposions également de travailler dans l'urgence : chaque binôme disposait de deux mois.

* Dans « Le refus », pour la revue *14 Juillet*, n° 2, 25 octobre 1958, revue créée à l'initiative de Dionys Mascolo et Jean Schuster, contre le retour autoritaire du général De Gaulle au pouvoir, à la suite de l'insurrection des généraux d'Alger, le 13 mai 1958.

Ce recueil se tient sur le seuil du « nous ». Chaque auteur n'y écrit qu'en son nom, le tout ne fait pas un collectif mais une assemblée d'écrivains de provenances, d'affinités et de sensibilités littéraires différentes, réunis par les hasards des chaînes amicales et les contraintes d'une absence de budget qui écartait d'emblée le recours aux traductions. Il s'agissait de s'écrire, entre correspondants, pour la plupart inconnus l'un à l'autre, tirés au sort dans deux listes établies, comme à la douane, selon l'émetteur du passeport : celle des écrivains de nationalité française et celle des écrivains d'une autre nationalité. Position, de l'aveu de tous, difficile.

Ces échanges ont coûté un travail plus épineux que prévu.

Cependant nos difficultés ne font pas notre communauté. Si, pour certains d'entre nous, ces deux catégories représentent la condition stimulante d'un dialogue des points de vue, elles restent pour d'autres la reproduction de l'enfermement et des rôles stéréotypés, qui rendent plus difficile encore le travail d'écriture. Nous sommes entrés, avec ces textes, à l'intérieur de notre embarras vis-à-vis de ces questions ; nous avons, pour certains d'entre nous, écrit non pas malgré mais avec nos scrupules : depuis le doute, contre notre sentiment d'impuissance politique et nos interrogations sur la portée de la littérature.

L'ensemble n'a pas été travaillé dans la perspective de livrer un objet abouti, lissé, homogène, autrement dit : fini. Ce recueil n'est pas fini et c'est dans cet état que nous souhaitons le donner à lire, comme le journal à plusieurs voix d'un temps qui commence.

*Nicole Caligaris & Éric Pessan*

Éric Pessan & Nimrod

# Entrouvrir le cercle
# &
# La Chine libératrice

## Deux récits en miroir

## Éric Pessan

Eric Pessan est né en 1970 à Bordeaux, il vit dans le vignoble nantais. Il a dirigé la revue d'art et de littérature *Eponyme* (Joca Seria), il écrit des romans *L'Effacement du monde* (Éditions de La Différence, 2001), *Chambre avec Gisant* (Éditions de La Différence, 2002) et *Les Géocroiseurs* (Éditions de La Différence, 2004), *Une très très vilaine chose* (Robert Laffont, 2006), *Cela n'arrivera jamais* (Éditions du Seuil, collection « Fiction & Cie », 2007), des textes en compagnie de plasticiens – *Sage comme une image* et *Ne bouge pas poupée* – en collaboration avec Françoise Pétrovitch (respectivement Le temps qu'il fait, 2006 et CIAV éditions, 2008), *L'Écorce et la Chair*, en collaboration avec Patricia Cartereau (Les éditions du Chemin de fer, 2008) ainsi que des fictions radiophoniques et du théâtre. Il anime régulièrement des rencontres littéraires.

# Entrouvrir le cercle

IMMIGRÉ, ÉE adj. et n. : Qui est venu de l'étranger, par rapport à un pays qui l'accueille.

## *Qui est venu de l'étranger ?*

Enfant, j'habite en exil à Bordeaux, à quelques dizaines de mètres de la gare Saint-Jean, dans un long appartement où les pièces s'enfilent l'une derrière l'autre : on entre par la cuisine, puis il y a ma chambre dépourvue de fenêtre et celle de mes parents tout au bout. Dehors, une minuscule cour bétonnée donne sur l'appartement de mes grands-parents, plus vaste d'une pièce – un minuscule salon jamais utilisé –, les toilettes communes sont bâties au fond de cette cour. La salle de bains est une bassine de zinc que l'on chauffe, le dimanche, sur la gazinière. Le loyer est dérisoire. Le quartier est peuplé d'ouvriers. De prolétaires, ai-je envie d'écrire, de gens peu riches. De fortes communautés espagnoles et portugaises vivent alentour. Les Espagnols ont fui Franco, les Portugais Salazar. Chacun a trouvé un métier, s'est installé durablement. L'époque encourageait cette immigration. La France avait besoin de bras, et ceux-là particulièrement étaient bienvenus qui n'avaient rien à voir avec les colonies agitées. À l'école, mes camarades expliquent qu'ils ne connaissent pas le pays de leurs parents mais que leurs parents y retourneront un jour, leurs parents économisent pour ça : une fois à la retraite, ils rentreront chez eux.

Je comprends ça, mes parents non plus ne sont pas à leur place dans cette ville, ils le répètent souvent, l'un comme l'autre sont originaires de la forêt, des Landes acides et sablonneuses qui s'étendent sur des centaines de kilomètres au sud de Bordeaux.

Il a bien fallu quitter la campagne pour trouver du travail. Mes parents comme mes grands-parents s'y sont résolus. Mais on ne s'installe pas vraiment, on sait que l'on n'est là que pour une quarantaine d'années. Un jour aussi, mes parents se le sont promis, dès la retraite, ils rentreront au pays.

## *Qui*

La famille reste spectaculairement soudée. Vivre à Bordeaux est un exil. Ma mère : fille unique. Mon père : un seul frère. Moi : fils unique. Alors on se resserre. Les exceptions sont prodigieuses : le frère de mon père devenu immigré, fuyant le village natal pour aller en Australie où il aura cinq enfants. Un lointain inconcevable, une planète entière à traverser pour rompre l'héritage. Des sables rouges, des crocodiles, des kangourous et une langue étrangère. Cet oncle, par son absence, m'a offert l'imaginaire d'un ailleurs.

Peu d'amis, mes parents passent leurs dimanches en famille, avec leurs propres parents. Peu d'occasions de voir de nouveaux visages. C'est le cercle familial, un cercle fermé, hermétique, comme dans ces westerns où les caravanes font cercle pour se protéger des attaques d'Indiens. Dans l'école où je me rends chaque jour, il y a des enfants noirs et des enfants arabes. Assez peu. Il faut aller vers les Capucins ou la place Saint-Michel pour que se colorent les rues.

## *Est*

Mes parents travaillent, mon grand-père travaille, ma grand-mère m'élève. Elle m'explique la vie, me dit d'être prudent. Très. Le monde est hostile. La peur de l'Autre, ma grand-mère en tremble. L'Indien prêt à entrer dans le cercle pour y semer la violence et la terreur.

Enfant, j'ai été élevé dans cette peur : l'Autre est dangereux, l'Autre est menaçant, l'Autre kidnappe les petits garçons, il a des bonbons dans ses poches, il les appelle, il les allèche, les séduit et – à peine les petits garçons ont-ils fait un pas vers lui – il les enlève pour les torturer et les tuer. L'Autre est un tentateur, il rôde en voiture à proximité des écoles et des jardins publics. Il est gentil en surface, il est bien habillé. On m'a raconté, on m'a prévenu. C'est l'Autre qui fait ça. Qui est capable de faire souffrir un enfant pour son plaisir. En l'Autre réside toute la crasse dont l'homme est capable : en l'Autre se sont sédimentés le meurtre, la folie, la perversion, l'outrage, le crime, la violence, la boue, l'infamie.

Du viol seulement on ne parle pas à l'enfant que je suis, sans doute croit-on bon de m'épargner ces détails-là. On me laisse avec des images de l'Autre qui tranche la gorge, tue lentement en prenant plaisir à contempler la douleur. On m'évite de penser à une queue qui force mon anus.

L'Autre, on ne le connaît jamais. Il peut se révéler à chaque instant, comme en témoignent les voisins, interrogés au journal télévisé : on le croisait dans la rue, au supermarché, on n'aurait jamais cru ça de sa part, quelqu'un de si poli, de tellement propre sur lui. S'en méfier, de l'Autre, il fera tout pour dissimuler sa noirceur.

Et si l'Autre est étranger, m'enseigne-t-on, c'est pire. Il est doublement autre, altérité amplifiée. Autre puissance Autre. $\text{Autre}^{\text{autre}}$. Par exemple, c'est ma grand-mère qui me met en garde, l'Autre peut être noir ou arabe. Ma grand-mère roule des yeux, pour peu elle se signerait. Elle serre plus étroitement son sac lorsqu'elle croise ce genre d'Autres dans la rue. Et Dieu sait que dans le quartier des Capucins, on en croise, des Autres. On raconte de vieilles histoires, j'entends pour la première fois le mot cannibale, c'est ancien, c'était loin de chez nous, mais sait-on jamais, dit-elle, on n'est jamais assez prudent. Elle consolide sa pensée de béquilles : Chassez le naturel, fait-elle, il revient au galop. Ces Autres n'ont pas la même couleur, pas les mêmes mœurs, pas les mêmes dieux, pas le même passé, pas le même pays d'origine, pas la même langue, pas le même sang. Cela fait beaucoup, non ? Déjà qu'un Autre bien de chez nous est une menace potentielle, alors les autres Autres, pensez donc. Ma grand-mère souffle. On n'est jamais assez prudent, répète-t-elle.

Voilà la quintessence de sa pensée : la prudence. Fuir l'altérité comme la peste. S'en tenir à un racisme ordinaire. À une prudence qui contamine tous les domaines : ne pas manger un plat inconnu, ne pas parler à un inconnu, ne pas risquer de sortir de ses habitudes. Le cercle, encore. Cocon protecteur. À l'abri des humeurs de la foule. Un cercle endormi qui permet de traverser les horreurs dans un indifférent confort. Le cercle dont le tracé premier s'est perdu, mais qui fut patiemment entretenu, de génération en génération, préservant du contact avec autrui comme de l'invasion des nouveautés.

J'intercale ici le regard paniqué de mon arrière-grand-mère à qui l'on offre une banane : Pour les singes, s'offusque-t-elle.

Prudence, dit ma grand-mère, femme gentille et douce, prudence. Plusieurs fois, à mesure que je grandis, elle éclate de rire, elle me demande si j'ai une fiancée à l'école, j'ai six ou sept ans, et elle rit, rit. Je ne sais trop ce qui l'amuse tant, elle finit par me faire partager le motif de sa joie : C'est, dit-elle, que j'ai imaginé qu'un jour tu nous ramènes une Négresse. Et le rire repart, un vrai rire joyeux, un rire signifiant à quel point cette pensée est absurde, une Négresse à la maison, c'est aussi absurde pour elle qu'un mariage sur la lune. Le rire naïf de ma grand-mère, je l'entends encore. Ce rire signifiait que les choses ne bougeraient pas, que l'on continuerait dans la famille à se carapacer contre l'Autre, qu'elle pouvait compter sur moi, sur ma soumission et ma complicité.

## *Qui est venu ?*

Le sentiment d'une absence me submerge, je n'ai pas d'histoire de ma famille, je ne sais rien ou si peu, une poignée d'entêtantes anecdotes rabâchées jusqu'à la corde, dont je me méfie, sachant combien les légendes sont patinées par le temps.

De la Première Guerre mondiale : j'ai connu deux couples d'arrière-grands-parents, les parents de la mère de ma mère et ceux de la mère de mon père; cette arrière-grand-mère-là n'est morte que récemment, âgée de cent quatre ans, petite femme ronde au visage mortuaire, attendant la mort depuis son transfert en maison de retraite, une bonne douzaine d'années auparavant. Peinant, comme je l'ai déjà écrit, à parler le français alors qu'elle pensait en patois. Son image a hanté l'un de mes romans, elle fut grand-mère d'un personnage allongé dans un lit.

Enfant, mes questions naïves sur cette guerre restèrent sans réponse. Je sais plus d'anecdotes sur la seconde : qui combattait, qui fut blessé, qui reçut une balle dans le dos et me laissait toucher la fascinante cicatrice, qui se laissait prendre en photo en compagnie d'un officier allemand et qui quittait ostensiblement la maison à cet instant, risquant de s'attirer les foudres de la Gestapo. Cet arrière-grand-père maternel que j'ai connu jusqu'à mon adolescence, le visage à l'ombre de son béret, vivant dans un appartement sans sanitaires ni lumière naturelle, à faire frémir un militant du logement social, abandonnant sa forêt des Landes pour se faire cheminot à Bordeaux, qu'avait-il connu de ces guerres? Avait-il perdu un frère? Un père? Avait-il rampé dans les tranchées? Je n'en sais rien. Mes fantômes, personne n'a eu les moyens d'imprimer un mémento à leur souvenir, ils se sont amenuisés doucement dans les mémoires. Pas besoin de réécrire le passé pour sauver l'honneur et inventer des arrangements avec le scandale, mes fantômes n'ont pas de mémoire. L'oubli lave l'héroïsme comme la lâcheté, la veulerie comme l'indécence.

## *Est venu*

Tellement peu de fantômes identifiables, plutôt une masse confuse oublieuse de sa propre histoire, une pléiade désordonnée, disloquée, hachée. Car je suis maillon d'une chaîne vertigineuse, d'une chaîne sans importance de spectres anonymes vêtus de haillons dépareillés, une chaîne paysanne, mon nom viendrait de là, paysan devenant pésan sous une main peu habituée à orthographier les mots, puis pessan grattant la terre pauvre des Landes, une chaîne émoussée, érodée déjà, réduite à de simples poussières oxydées, répandues dans le sol sablonneux et noir des monotones forêts. Les aiguilles des pins pourrissant détruisent peu à peu les autres végétations, le pin est un arbre conquérant, exclusif, la terre a avalé mes ancêtres : pas de nobles, pas de fameux, que des vies pires que minuscules bouffées par les vents. De certains, je sais juste un événement saillant, comme la mère du père de ma mère, retrouvée au fond d'un puits où – racontait-on autrefois – il était impossible de glisser accidentellement. Mon premier véritable fantôme fut son fils, ce grand-père trompettiste improbable avec qui j'ai partagé toutes mes vacances, tous mes tours de vélo, ce voisin de cour jusqu'à mes sept ans, mort d'un cancer durant mon adolescence, mon immense chagrin, ce maillon qui ne représentera rien à mes enfants, cet homme gemmeur de pins, venu comme son beau-père à la ville faire le cheminot puisque personne n'achetait plus sa récolte de résine. Ce bricoleur enfermé dans sa cave, cachant ses bouteilles de blanc sec derrière le charbon. Enfant, c'est avec lui que je découvrais les rues du quartier Saint-Jean. En ma présence il se lâchait, assaisonnant à voix basse chaque passant d'un commentaire moqueur, je réentends sa voix que mes rires encourageaient. Pas une seule de nos promenades sans qu'il ne m'offre au passage l'une de ces BD de super-héros qu'il toisait avec mépris mais achetait de bonne grâce puisque au moins je lisais et que lui, la lecture, on la lui avait interdite dès son enfance, lecture inutile et oiseuse pour un futur fermier landais. Louis Dartenuc se nommait ce grand-père tellement loin. Il n'eut qu'une fille, ma mère, qui n'eut qu'un fils, accordant peu de chance à sa mémoire de me survivre.

## *Venu*

Depuis la mort de son mari, ma grand-mère – elle vit maintenant au village, chez mes parents – a constitué un petit mausolée composé d'une photo agrandie de Louis, de sa carte d'identité et de sa casquette de la SNCF. Son sentiment d'une présence. Pieu sacré enfoncé dans les fondations de la case. Centre du cercle ?

Ce grand-père, jamais je ne me suis rendu sur sa tombe située en banlieue bordelaise, abandonnée dans une ville où nul membre de la famille ne vit plus, ne va plus. La concession parviendra un jour à son terme et son fantôme se fera encore plus discret.

Il a des problèmes de dos, j'ai sept ans, mon père change de métier, devient fonctionnaire, est muté à Nîmes, je suis en CP. Les six années que nous passerons là-bas seront vécues par lui comme un insupportable bannissement. Il trouvera le moyen d'échanger son poste avec un collègue pour pouvoir rentrer à Bordeaux, quitte pour cela à voir diminuer son salaire et à obliger ma mère à démissionner, elle qui ne retrouvera pas vraiment d'emploi.

Retour à l'ancienne terre d'exil. Bordeaux n'est qu'à une demi-heure de route du berceau.

Quelle est la mémoire de ceux qui changent de pays ? De continent ? L'attachement de mon père à son village n'est pas un attachement aux ancêtres mais bien à une terre. La mémoire, on s'en soucie peu. Que d'histoires laissées vacantes par les pauvres, par ces gens, mes gens, que l'on qualifie volontiers de petits et dont il ne reste qu'une plaque sur un tombeau, traces qui ne feront pas long feu. Une main chargée d'autorité municipale, un jour, décidera de les renvoyer au néant pour des histoires d'agrandissement de cimetière, d'échéance de concession, de manque de place.

Je sais si peu. Je n'ose pas entrer en ces vies, les coloriser à la manière des vieux films, les inventer au sens ancien du verbe inventer, les inventer comme Colomb invente l'Amérique, comme Pierre Michon invente le facteur Joseph Roulin et comme Van Gogh, avant lui, l'avait inventé de toutes pièces. Je ne sais pas redonner les voix, les intonations, les colères et les blessures, les naissances, les amours et les décès. Je ne me suis mis à la place de personne, je ne me suis assis dans aucun ancien fauteuil pour imaginer la table dressée, la lampe à huile, le froid dehors et les mains lourdes d'avoir manié des manches d'outils toute la journée. Je n'ai pas glissé mes pieds dans les sabots de bois, mangé ma soupe en y trempant une large tranche de pain et en rinçant l'assiette d'une rasade de vin rouge pour ajouter la chaleur du chabrot à celle du bouillon. Je peine à donner vie aux rares photographies crénelées, à habiter ce patois que mon père sait encore balbutier et que je suis le premier à ne plus connaître. Je n'ai plus les odeurs, les saveurs en bouche, les goûts des mots, les couleurs des voix éteintes. Mes fantômes invoqués ne montrent que le creux laissé par leur disparition, une silhouette excavée dans le drap du ciel, une cavité immense forée en moi, un héritage minuscule et grandiose sur lequel je refuse de mentir. J'ai offert quelques noms aux fantômes, j'ai donné quelques prénoms, même pas ceux de mes grands-mères bien vivantes, Éliette postière puis femme au foyer, femme énergique et attristée dont le prénom vient du prophète Élie. Et Colette, Marie pour l'état civil puisque l'employé de mairie refusa d'inscrire Colette sur le registre, y écrivit volontairement Marie pour d'obscures raisons que je me refuse à imaginer, ne recueillant ni protestation ni taloche bien méritée de la part de mon arrière-grand-père, tant était impressionnante la charge d'employé de mairie sachant manier les écritures pour un paysan journalier. Colette dont la vie entière fut marquée de cette hostilité originelle, ce refus de révolte, cet assujettissement injustifié aux pouvoirs d'un petit chef. Mes fantômes, il y aurait quelques supercheries à trop vouloir les dépeindre, à les animer en douce de derrière le castelet des mots, à leur rendre le mouvement à l'aide de verbes bien ficelés. À fomenter des événements avec le si peu que je sache.

## *De l'étranger*

Que faisaient mes ancêtres ? Je n'en sais rien, personne n'en sait rien. Il n'existe pas de biographie des paysans, pas de traces, d'arbres généalogiques. Le sol sablonneux des Landes gomme vite l'empreinte des pas.

Les maisons où vécurent mes aïeuls, j'en ai connu certaines : à Bordeaux, cet appartement exigu, composé de trois pièces en enfilade, éclairé d'une seule fenêtre, tanière de mes arrière-grands-parents. Il leur fallait, pour entrer et sortir, grimper un escalier si raide que j'avais interdiction de m'en approcher. Tu vas glisser et te fracasser la tête, prédisait-on si je souhaitais jouer sur le palier, seul endroit lumineux de l'appartement car surmonté de tôles ondulées en plastique transparent – ou plus exactement jaunâtre. L'appartement était bâti sur le toit d'un entrepôt, une contremarche mal jointe permettait d'espionner les manutentions. J'ai beaucoup inventé ce que renfermait cet entrepôt, j'ai imaginé des trafics, des stocks d'armes, une base extraterrestre, si bien que je ne sais plus ce qu'il contenait vraiment. Cet appartement était bien entendu dépourvu de sanitaires et de salle de bains, mais au moins disposait-il de l'eau courante, à la différence de la ferme où vivaient mes autres arrière-grands-parents. Ceux-là habitaient en pleine campagne, à la frontière des Landes, dans un lieu-dit nommé Boutevin, composé de leur seule maison et des nombreux poulaillers et soues à cochons attenants. Pas de confort dans cette maison basse typiquement landaise, l'eau il fallait aller la chercher au puits, à plus de vingt mètres de profondeur, à l'aide d'un seau encordé à un long mât servant de contrepoids, l'ensemble évoquant tout à la fois un balancier et une catapulte. On accédait à la ferme en suivant un chemin de terre, tout autour c'était la forêt, rien que la forêt avec ses pins et ses fougères. Le danger, là, n'était pas l'escalier mais les vipères nombreuses malgré la présence des poules. Ne joue pas dans l'herbe, me répétait-on, tu vas te faire piquer. Les vipères à la campagne, l'Autre à la ville. Le danger, invariablement, me guettait.

Encore plus rares que les photographies sont les lettres des mes aïeuls. Chose insolite, totalement exceptionnelle, l'écriture n'entretenait aucun rapport avec leur quotidien. D'abord : à qui écrire ? Que ce soit du côté de mon père ou de ma mère, longtemps les familles vivaient ramassées, les enfants reprenaient la maison des parents, les frères et sœurs s'installaient dans le même village. Parfois, la nécessité d'un mariage projetait une sœur à cinq kilomètres de là. On se rencontrait à l'école primaire ou aux bals lors de la fête annuelle, on s'observait, on s'embrassait, on s'abandonnait à l'ardeur du moment jusqu'à la faute ou on se jugulait jusqu'au mariage, puis on prenait une ferme dans les environs. Pourquoi aller ailleurs ? On était bien ici, et c'était plus simple, on connaissait tout le monde, on pouvait s'occuper des vieux à tour de rôle. C'est après la Seconde Guerre mondiale que ces familles furent emportées par le mouvement généralisé d'exode rural. Certains montèrent à la ville, peu en définitive lorsque j'y pense.

Écrire, on avait appris grâce à l'école de la République, pourtant dès que l'on avait l'âge de travailler on n'avait plus beaucoup l'occasion de s'entraîner, on quittait l'artificialité du français pour retrouver le cocon maternel du patois, la langue de tous les jours, du métier, des bavardages et des amours, celle, je m'en souviens, que s'excusait de parler mon arrière-grand-mère en ma présence, haussant les épaules d'impuissance lorsque, débutant une phrase en français, elle s'interrompait, cherchait ses mots et finissait par en revenir au patois.

Écrire était un paradoxe puisque tous parlaient en patois et nul n'avait appris à l'écrire, se produisait alors la scission nette entre un écrit savant et un parlé vulgaire, entre deux langues différentes qui finissaient par s'embrouiller, se noyauter. Écrire, surtout, était réservé aux grandes occasions, aux administrations, aux étrennes à souhaiter. Mes grands-parents comme mes parents ont eu la chance de passer leur certificat d'études, je fus le premier à avoir le bac. Je revois mon grand-père paternel faire signer par ma grand-mère un chèque qu'il tendait ensuite au boucher ou à l'épicier pour que ce dernier y inscrive la somme. Il savait pourtant lire, lui qui passait ses matinées à décortiquer le journal. J'étais lycéen lorsque ce grand-père-là pour qui je ressentais peu d'affection, me demanda un service. Une association d'anciens combattants lui proposait de faire parvenir le récit de sa déportation à Dachau afin de le publier dans un recueil de témoignages. Tout à la fois désemparé par la demande et heureux de pouvoir dire ce qu'il avait vécu, il me demanda d'écrire ses souvenirs. L'un de ces dimanches où le repas de famille s'engloutissait en silence face à la télévision allumée, je vins avec un carnet et nous discutâmes pour la seule et unique fois comme peuvent discuter deux hommes. Je lui rendis le récit rédigé la semaine suivante, lui recommandant de ne pas hésiter à m'appeler s'il fallait corriger quoi que ce soit, je n'eus de nouvelles que quelques mois plus tard, lorsque fut publié le recueil. Plus jamais je n'ai vraiment reparlé à ce grand-père qui allait s'enfermer dans un mutisme grognon de plus en plus profond, reprenant pied avec le monde au moment des repas, jusqu'au jour où fut diagnostiquée une maladie d'Alzheimer.

Absente à son passé, ma famille est vierge de sa propre histoire. Thot donna les écritures aux Égyptiens pour qu'ils aient une histoire, les paysans landais qui furent mes ancêtres n'avaient que faire de cet encombrant cadeau : ils travaillaient la terre, ils louaient leurs bras, ils piquaient les pins, le plus parvenu, ce grand-père déporté, fut maréchal-ferrant. Écrire une lettre était un tel effort, une telle inutilité, une telle étrangeté.

Un jour, j'ai lu ce livre que jamais personne de ma famille ne lira, où j'ai retrouvé tant de choses intimes : [...] *cette bouche sera close à jamais, qui s'était bien peu ouverte; et à jamais immobile, intacte d'œuvre, refermé sur le rien de la lente métamorphose où elle a aujourd'hui disparu, cette main qui jamais ne traça une lettre* (*Les Vies minuscules*, Pierre Michon).

## *Par rapport*

1986, j'ai seize ans, je fais la grève, je ne vais plus en cours, je marche dans les rues, parmi la foule, je suis fort et nombreux, je crie, je scande, c'est déjà le problème de l'assujettissement de l'université au marché dont il est question, c'est une fête joyeuse, le mal est désigné, il s'appelle Alain Devaquet, *sa réforme sa réforme s'il savait où on s'la met*, je chante. Dès les premiers jours de la grève, mon arrière-grand-père sort de son mutisme, lui que je vois toujours à la même place, accoudé sur la toile cirée, dans cet angle sans fenêtre. Allez-y, me dit-il, foutez tout en l'air. Et il sourit, il est heureux, vraiment. J'ai l'impression d'exister pour la première fois à ses yeux. D'AG en débat, de meeting en sit-in, j'ai l'impression d'exister politiquement pour la première fois. Il était temps, dans deux ans je vote. Je me souviens qu'à l'époque on s'inquiétait beaucoup de ce que les enfants d'immigrés, pourtant nés en France, étaient sous-représentés à l'université.

Au visage radieux de cet aïeul qui mourra peu de temps après, sans que je retrouve l'occasion de lui parler vraiment, se superposent les cris de joie de mon père, mai 1981, on a gagné, il hurle dans le salon exigu de notre appartement nîmois, on a gagné. Je comprends qu'il tire sa joie d'un certain François Mitterrand et suis reconnaissant à ce dernier de mettre mon père dans un tel état. On a gagné. Je comprends aussi qu'avant on avait perdu, on vivait en perdant.

Mais je suis en 1986, lycéen exalté par les grèves, Pierre Édouard Gleyze, le père de la mère de ma mère, quitte des années de silence pour me raconter son engagement au Parti communiste, c'est ce jour-là que j'apprends des choses sur le comportement de certains lors de l'occupation allemande. Le vieux bûcheron landais devenu cheminot à la gare Saint-Jean me parle. Il dit « nous » pour désigner les travailleurs et « eux » pour les patrons et le gouvernement. « Nous » pour les résistants et « eux » pour les occupants comme les collaborateurs. Et il m'inclut dans ce « nous », à ses côtés.

De gauche, ma famille est de gauche, par conviction d'abord, puis par intérêt à mesure que passent les générations, comprenant bien que la gauche sera certainement plus favorable à ceux qui possèdent peu. Les certitudes vacillent au fil des ans, et l'ancrage à gauche n'est plus qu'un réflexe.

Mais je suis déjà trop loin, je m'en reviens à ce jour de novembre 1986 où je découvre une histoire et la vibration d'une conviction politique. Dans quelques jours ce sera fini, deux motards s'acharneront sur un jeune homme, Malik Oussekine, et la fête prendra fin le 6 décembre.

Si, dans un parcours de vie, il est rare de pouvoir dater avec précision l'émergence de pensées ou de sensations, je sais quand s'est solidifiée ma conscience politique.

## *Par rapport à un pays*

Excepté l'épisode nîmois, les migrations de ma famille se limitent à des bonds de soixante kilomètres. Dans le village où vivent mes parents et mes deux grands-mères, il n'y a pas d'immigrés. Qui voudrait vivre ici ? Des chemins de terre perçant de grandes allées coupe-feu entre fougères, bruyères et pins, une haute canopée parfois secouée de grands vents, un sol noir et poussiéreux. Ces terres-là étaient autrefois au fond marin. Enfant, levant les yeux, j'ai souvent imaginé voir nager des poissons entre les branches, des bancs colorés, d'épais mammifères marins remplaçaient les vaches, des coraux naissaient des mousses. Qui voudrait venir ici s'il n'était pas lié à ce village par le sang ? Il y a bien quelques scieries qui allongent les pins en longues planches, mais pas de travail, pas de loisirs, peu de commerces.

Toujours, je m'interroge sur le lien du sang à la terre : pourquoi vouloir revenir ici ?

Pas de rêve, j'ai en mémoire ce documentaire de Georges Perec et Robert Bober, Récits d'Ellis Island, l'implacable revers du rêve américain, l'île où étaient triés les candidats à l'immigration. En furetant un peu sur Internet, je crois avoir retrouvé la chanson qui ouvre le film, un vieux country-blues de Woody Guthrie :

*Ah my God, what is this land of America*
*Oh, many people travelling there,*
*I will go to for I am still young ?*
*God, the Lord, will you grant me good luck there ?*
*You, my wife, stay here till you hear from me,*
*When you get my letter, put everything in order,*
*O my raven black steed or horse, like the wind,*
*Fly across the ocean, do join me here !*

*Will you grant me good luck here ?* Une question impossible pour les membres de ma famille, la chance reste profondément enfouie au cœur de la terre natale, l'ailleurs n'est qu'un provisoire plus ou moins douloureux.

## *Qui l'accueille*

Et d'ici, hormis par la télévision, comment faire pour avoir peur de l'Autre ? Dans un village où l'Autre est le fils du fils du fils du voisin de banc d'école. Je me souviens d'une histoire, je ne sais plus où je l'ai lue, j'étais adolescent, je l'ai recherchée depuis et me suis trompé à chaque fois que j'ai cru la retrouver. Une vieille dame, bretonne, entend frapper à sa porte : la nuit est là, personne jamais ne rend de visites si tardives, la vieille pourtant n'a d'autre choix que d'ouvrir, s'il s'agit d'un agresseur, il pourra tout autant défoncer la porte. Sur le seuil se tient le diable. La vieille recule, se signe, son cœur s'affole, son cœur tient bon, elle se demande quelle faute elle a commise, elle s'efface, le diable entre. Je raconte l'histoire de mémoire : le diable alors, d'une langue bizarre, demande s'il peut manger. Il lui faut répéter à plusieurs reprises en s'aidant de gestes pour se faire comprendre. La vieille s'exécute, prépare une soupe au lard, ses mains tremblent. Dans son dos, le diable se tient immobile. Puis elle le sert, puis il mange. Et elle demeure, debout, dans un coin de la pièce – sans doute celui où est accroché un crucifix ou une image de la Vierge – à contempler rouler les yeux si blancs du diable.

Étrangement, son repas achevé, le diable dira quelques mots que la vieille ne comprendra pas et il partira, sans l'emporter, elle, sans la damner ni lui ôter son âme. Le lendemain, par ses voisins, la vieille entendra que la guerre s'achève, que les Américains ont débarqué pour chasser les Allemands, que le diable était un parachutiste US égaré, qu'il était le premier homme noir qu'elle ait vu de sa vie.

Adolescent, lisant cette nouvelle, je me souviens avoir pensé que cette vieille femme tremblante, certaine de sa damnation malgré une vie sans péchés, il suffisait de lui faire parcourir cinq cents kilomètres vers le sud, de l'extraire de sa Bretagne pour la transplanter dans les Landes, et cette vieille femme aurait pu être l'une de mes aïeules, bigote, craintive, ne sachant pas que derrière la colline s'étend une autre colline, et derrière elle encore une nouvelle. Et que des gens sont nombreux qui vivent au loin, ainsi de suite.

Alors oui, accueillir l'autre, ne serait-ce que pour le bonheur d'entrouvrir le cercle.

## Nimrod

Né au Tchad en 1959, Nimrod est poète, romancier et essayiste. Il a publié cette année *Le Bal des princes*, roman (Actes Sud, 2008), *La Nouvelle Chose française*, essai (Actes Sud, 2008) et *Rosa Parks*, roman (Actes Sud Junior, 2008). Il vit à Amiens.

# La Chine libératrice

> Comment écrire alors que ton imaginaire s'abreuve, du matin jusqu'aux rêves, à des images, des pensées, des valeurs qui ne sont pas les tiennes ? Comment écrire quand ce que tu es végète en dehors des élans qui déterminent ta vie ? Comment écrire, dominé ?
> Qu'ont, littératures, prévu pour toi ? Qu'ont-elles sédimenté au fil du temps pour toi qui suffoques sous cette modernité coloniale ?
>
> Patrick CHAMOISEAU, *Écrire en pays dominé.*

À partir de mes dix ans, je me penchais presque tous les jours sur l'atlas du XX^e^ siècle. Qui en était l'auteur ? Quelle maison en était l'éditeur ? Je n'ai pas gardé trace de ces détails. Dans mon souvenir, il était de grand format et pesait son poids de merveilles. Une couverture bleu outremer l'habillait. Du rose (ou est-ce du rouge lie-de-vin ?) s'y mêlait, que tout ensemble absorbait et avivait un bleu envahissant – qui n'était pas encore d'outre-Chine ! L'école mettait le merveilleux dictionnaire à ma disposition. C'était en 1969. Le temps qui m'était imparti pour le feuilleter me semblait trop court. Et comme il appartenait aux volumes non soumis au prêt, je le refermais frustré lorsque sonnait la fin de la récréation.

L'école ne disposait pas de salle de bibliothèque, c'est notre classe qui l'hébergeait, celle du directeur. De ma place – la première dans la travée du milieu –, mes yeux caressaient le joli monument de bois blanc sur lequel on avait fait couler une bonne couche de cire dorée. L'amour flattait cette érection, l'amour et la beauté. Le directeur s'était vite rendu compte de mon intérêt pour les livres. Il me laissait volontiers les clés du gigantesque coffre à trésors. Quand je m'en approchais, je me disais tout bas : « Seras-tu un jour assez grand pour tutoyer l'armoire et la regarder comme un vrai homme ? » Je me savais petit et je savais que les enfants grandissent. J'en étais impatient. La conscience que j'avais de penser de la sorte me rendait heureux. C'était un narcissisme de bon aloi. J'évitais de penser à mon père, à la Bible et aux choses sérieuses. Je m'ingéniais à préserver la rêverie en moi. Une forme d'innocence et de bien-être me protégeait de toute vanité. J'avais foi en ce sentiment.

Je le ressens encore aujourd'hui quand je pense à l'enfant que je fus. Grandir, mais fraîchement, comme les fleurs de ma cour d'école, comme le magnolia près de la fontaine, comme les lauriers-roses et comme les bougainvillées de la villa qui jouxtait notre établissement : elle appartenait à un ministre de la République. Le regard d'un enfant de dix ans caressait les choses, frissonnait et frémissait au contact d'une réalité charmeuse, charmante, pour tout dire vibratile. J'avais l'impression de grandir à tout moment, une impression que démentait ma taille restée petite, mais qui ne perdait aucune minute pour s'enrichir des sensations venues des quatre vents. Il me semblait que, lorsque j'en aurais suffisamment engrangé, je m'élancerais alors vers les hauteurs, comme cette lumière d'aurore qui passe du rouge cerise à la transparence du plein jour en une féerie où sa célérité nous laisse sans voix. Mon soleil à moi, c'était l'atlas. Il me disait : « En 2000, les États-Unis deviendront des géants, et la Communauté européenne aussi, sans oublier la Chine dont le coton concurrencera non seulement celui du Tchad, mais aussi le reste du monde. »

Cette « prophétie » ne me touchait vraiment que parce qu'elle se rapportait à l'éveil de la Chine. Le mot « réveil » a une acception protestante qui échappe à la plupart de ceux qui en usent. Chez nous, on est toujours *réveillé* plus qu'on est *éveillé*. Le sommeil y est bien sûr sous-entendu, mais aussi la mort et, son pendant, la résurrection. La grande affaire de ma jeune vie, c'étaient déjà les idées. Comme tout enfant, j'aimais les contes, mais ça n'était pas sérieux, ça, c'étaient des histoires. Ma conscience tenait fermement à distance la Belle au bois dormant. Les contes de Perrault ne me paraissaient pas mièvres, au contraire ; disons simplement que je ne les sentais pas à leur place ici. Ils m'offraient un pays rien qu'à moi. Car, avec les idées, je soupçonnais une forme de gravité qui écartait derechef la suavité narrative.

L'éveil chinois avait cela de doux et d'onirique qui me bouleversait sans retour. En celui-ci se manifestaient et l'idée et la sensation. Il me réveillait. La ruralité de ce pays lointain, ses mœurs et coutumes m'étaient étrangement familières. J'aimais les couleurs gorgées d'eau de sa peinture, ses objets laqués, ses estampes, en somme, mes premières chinoiseries.

En 1969, la Chine de Formose travaillait déjà dans les rizières de Bongor, au sud du Tchad. Ces petits doigts d'Extrême-Orient œuvraient pour le bien-être des miens. Ils étaient si discrets, si efficaces, et le jeune homme que j'étais devenu entre-temps avait fini par les oublier. Vivre caché leur tenait lieu de credo. En 1975, j'étais un jeune homme insouciant et réjoui. À N'Djamena, on ne voyait pas beaucoup de Chinois. Peut-être les ai-je perdus de vue du fait que la Chine populaire avait évincé Taïwan. J'ai dû enregistrer l'événement, puis il a été entraîné par le flux de mes vertes années. De toute évidence, j'avais raté, pour d'inexplicables raisons, le moment du changement d'alliance. À présent, *le Petit Livre rouge* de Mao circulait partout. Les éditions étrangères de livres chinois, la propagande soviétique et l'incroyable collection américaine d'ouvrages traduits – la bien-nommée les « Nouveaux Horizons » – m'inondaient de rêves venus des cinq continents. La part de monde qui ne reviendrait plus et que j'aurais voulu racheter – si faire se peut — fut ce moment de ma vie où j'engrangeais les impressions avec confiance. Les études, la joie de vivre, c'étaient des actes qui, à mon sens, mériteraient de connaître le bonheur. Or, l'idée de mérite, ni même celle de possession n'effleuraient encore mon esprit.

En moi, la Chine continue de ressembler aux fleurs de mon école élémentaire. Je les comprends : leur langage se fait sans paroles. J'ai traversé la guerre entre-temps. De N'Djamena à Abidjan, d'Abidjan à Paris, j'ai fini par me fixer en Picardie. Et l'an 2000 lui aussi a fini par arriver, avec la Chine aux premières loges. C'est curieux, je me le rappelle à présent : mon atlas était un ouvrage des éditions Fernand Nathan. D'où me vient cette soudaine précision ? Mystère. La ruse qu'emprunte ma mémoire m'apprend que j'ai atteint l'âge où l'on caresse les fantômes. De nouveaux paysages se déroulent ; la

Chine déploie le spectre de sa nouvelle économie, moi qui l'ai connue «petite». La jeune fille qui travaillait dans les rizières tchadiennes effraie maintenant les grandes puissances.

Pour la première fois, l'Europe l'admet, et c'est comme un boulevard ouvert au cynisme : «La Chine va exploiter l'Afrique. Ce n'est pas comme nous, Europe : sa férule à elle sera encore pire que la nôtre.» Si ce constat résume notre avenir et si c'est l'Europe qui le dit, je veux bien le croire. Au moins la bergère Chine a fait sortir du bois la louve Europe. Merci pour cet aveu faussement involontaire. Comme toujours, ce n'est pas à l'Afrique que l'Europe s'adresse, mais à la naine d'hier qui, après cinq mille ans de sommeil, est devenue la géante d'aujourd'hui. Le discours de Sarkozy (c'était le 26 juillet 2007 à Dakar) avait eu au cours des siècles passés ses variantes sur la Chine. J'ignore si les Chinois continueront à travailler dans nos rizières, à nous construire des ponts, des routes, des palais de la culture, des bâtiments administratifs ou des hôpitaux. De fait, que regrette l'Europe ? L'exclusivité de l'exploitation africaine. En toute logique, la Chine devrait suivre cette voie. En tout cas, l'Europe l'y encourage : elle se donnera les moyens de l'y plier. Le monopole entraîne toujours à la baisse le prix des matières premières. Ensuite, la Chine cessera de construire et de travailler pour nous. Et ce sera l'Europe qui sera sauvée. Car la demande énergétique européenne va exploser d'ici là, ses vieux aussi et, avec les vieux, la recherche encore plus accrue du confort. La Chine, décidément...

J'ai grandi, je fête bientôt mes cinquante ans et l'Afrique française fêtera elle aussi son cinquantième anniversaire d'indépendance. L'armoire aux livres de mon école – à supposer qu'elle ait survécu à la guerre et aux pillages – ne pourrait contenir tous les bouquins que j'ai lus et consultés pendant ces quarante dernières années. L'an 2000 m'a trouvé sans grande frayeur. Même le bogue du millénaire n'a pas eu lieu. Par la plume, je m'assure sur les ruines de l'État tchadien. Sa beauté et l'amour que j'ai pour lui habitent mes songes. J'ai grandi, en effet. Le Tchad, lui, végète, méconnaissable. Taiwan l'a gratifié d'un splendide boulevard et d'un non moins splendide pont. Il est à deux voies et le seul du genre dont nous puissions nous enorgueillir. Car la

France (ce génie des ouvrages d'art) ne s'était jamais préoccupée de nos infrastructures. Le Tchad, c'est le désert des Tartares. D'une certaine manière, le poète qui signe ces lignes est devenu le père de son pays. Je construis, nos guerriers défont : c'est ainsi.

La Chine construit pour nous sans nous en remontrer. Avec elle, la domination ne se définit plus en termes de déficit d'être, contrairement à l'Europe pour qui la domination s'apparente, quel qu'en soit le cas de figure, au malheur. La mainmise occidentale sur l'Afrique opère cette fois de concert avec notre volonté de nous approprier les biens du monde – des matières premières aux œuvres d'art. Car la puissance ne se mesure jamais qu'à la capacité de provoquer des désastres. En la matière, quelle puissance s'aviserait de nous donner des leçons ?

Patrick Chamoiseau se désole de notre situation de dominés – lui, l'écrivain. Pour se consoler, il se tourne alors – mais je l'aurais parié – vers la littérature mondiale. Le bien propre à l'écrivain, ce sont les belles-lettres : elles garantissent son fonds, lequel est générique et universel. Oiseau de Cham, tu vises juste. La Martinique mérite tout ensemble James Joyce et Saint-John Perse, Faulkner et Dostoïevski. Notre fonds c'est la fiction : elle souffle aux quatre vents. Il est étonnant que nos dirigeants, à l'orée du cinquantenaire de nos indépendances, se soient enfermés chez nous comme s'ils assumaient à leur insu le destin de ces immigrés qu'on barricade à Ceuta et Melilla. La part digne de rachat chez les hommes est celle par laquelle ils reviennent, avec la semence du monde, féconder leur lieu de naissance. Les chefs d'État africains ne vont jamais à Paris que pour se soigner. Même leur chère santé est trustée par des mains étrangères.

Au cours de leur bilan médical, j'espère qu'on leur épargne le test du sida. Non, je ne suis pas de ceux qui ne veulent rien savoir de cette pandémie. Au contraire. Seulement voilà : je m'élève contre l'attitude française qui consiste à traiter un Africain comme un potentiel porteur du HIV. J'en ai subi des tests de sida, et toujours à mon insu. C'est l'unique raison qui me les rend intolérables. Comme la viande bovine des assiettes européennes, l'Africain fait partie de ceux dont on trace l'itinérance par un fil d'Ariane à la sanguine. Jadis on marquait les esclaves au fer rouge ; le sida a remis au goût du jour le commerce sanguin comme s'il se fut agi d'un nouveau partage de l'ordre humain. Les tests d'ADN dont bruit ces jours-ci la République n'en sont que les derniers avatars.

Un matin de février 1991, il y a de cela dix-sept ans (je me souviens qu'il neigeait), quelle ne fut pas ma surprise de constater qu'un formulaire avait été pré-rempli, qui stipulait que je consentais à me soumettre au fameux test ! On me le faisait signer après la prise de sang et, du coup, j'endiguais mal une forme d'écœurement d'avoir été mis devant le fait accompli. Je me sentais humilié, blessé ; je me sentais abusé. L'impression d'être mené par le bout du nez, mêlée à la sensation d'étrangeté pour qui subit sans recevoir d'explication autre que « faites ceci, faites cela », me ravalait au rang de cobaye de laboratoire. Ajoutons pour compléter l'information que je venais de débarquer d'Abidjan deux jours plus tôt. Le grand hôpital parisien où je passais une batterie d'analyses représentait ni plus ni moins qu'un examen de passage. Ce fut l'instance la plus clinique et la plus inhumaine à laquelle j'aie jamais été confronté. Elle m'absentait. Je m'étais déshabillé à plusieurs reprises ; à présent, j'en avais le tournis. Il y a une violence sournoise dans l'acte médical qui, je ne sais pas pourquoi, me révulsera toujours. Car on est sommé de livrer son corps, et certains médecins manquent absolument de tact et d'humour. Ce matin-là, tous les examens auxquels j'étais de nouveau soumis étaient en tout point conformes à ceux que j'avais subis dans un centre de santé français de la capitale ivoirienne. Le médecin qui les avait compulsés au consulat général de France m'avait félicité pour mon excellente santé. Les examens parisiens avaient été faits par mesure de précaution, de contrôle ou de vérification. C'est du moins de la sorte que je justifiais à moi-même la nécessité de les repasser.

Il ne m'avait pas échappé que le rythme avec lequel on me faisait passer d'un service spécialisé à l'autre (et je n'étais pas le seul dans ce cas) pouvait engendrer des erreurs manifestes. Une fois sur deux, la distraction, la lassitude, la légèreté et même l'indifférence se peignaient sur les visages des techniciens médicaux. Entre leurs mains, je me voyais comme une pièce parmi tant d'autres, qui permettaient à des personnes, des services et des compétences de gagner leur pain.

Je contribuais donc à faire tourner la machine. À la fin de cette journée-là, je m'étais senti fourbu, mais heureux d'échapper enfin à une forme d'abattage qui ne disait pas son nom.

C'est plus tard que mon dépit s'est peu à peu transformé en révolte. Les résultats de chacune de mes prises de sang comportaient toujours le test du sida. Or je ne le demandais jamais. Je n'éprouvais aucune satisfaction à apprendre ma non-séropositivité, comme me l'avait fait remarquer un ami auquel je faisais connaître mon indignation. Tel médecin tropicaliste m'avait sommé de me faire dépister à mon retour de vacances africaines, comme si ma vie sexuelle opérait à mon insu. Plus étrange encore fut son : « Sait-on jamais ? » J'en fus consterné. Sa réaction me signifiait clairement le préjugé majeur qui prévalait dans certains lieux médicaux : « Ces Africains sont si irresponsables, on ne peut se fier à leur témoignage. » En effet, j'avais été mis au défi de justifier ma vie sexuelle sans autre forme de procès.

Un jour, je m'en ouvris à mon médecin traitant. Il me connaissait assez bien pour défendre ma cause. Lui aussi fut révolté par le comportement de ses confrères. Il y a deux ans de cela, dans un hôpital, j'arrêtai net un médecin qui voulait me soumettre, une fois de plus, au test en question. Je lui montrai une prise de sang datant d'environ deux mois, qui avait été faite à l'occasion de mes transaminases, où le même test figurait, diligenté, comme d'habitude, sans mon consentement. Le toubib fut interloqué. Assez vite il reprit le dessus et commença à défendre cette pratique. Je décidai de ne plus le revoir.

D'où viennent tous ces tracas ? Les Africains, contrairement aux Européens, lorsque l'on procède à la numérisation de leurs leucocytes, disposent de moins de globules blancs que de globules rouges. Un généraliste sous-informé peut s'en affoler, même si la situation n'a rien d'anormal. Pour d'autres – surtout en milieu hospitalier –, l'Africain est une aubaine : les professeurs et les internes se réjouissent de sa visite. Celui-ci peut être accueilli comme étant potentiellement porteur de cas susceptibles de bouleverser leur routine.

Si la santé des politiques africains se rafistole à l'étranger – avec toutefois un luxe supérieur à celui de l'immigré –, notre bonheur national attend lui aussi un traitement digne, à tout le moins humain.

Au regard des événements de l'Arche de Zoé, les enfants tchadiens ne devraient pas seulement déchaîner la charité française. Le brigandage dont ils ont été l'objet appelle lui aussi un commerce où l'intelligence locale devrait féconder l'intelligence internationale. C'est ce que m'avait enseigné jadis la Chine. J'étais alors si jeune ; la Chine, elle, était si bucolique. À quarante ans d'intervalle, le paysage s'est radicalement recomposé. Les puissances défilent en Afrique noire, mais cette dernière n'est plus dirigée que par des affairistes véreux. À l'école du commerce mondial, on ne leur apprend pas à construire : cet espace est désormais accaparé par les cabinets d'architectes du Nord. Eux aussi, telles des multinationales, œuvrent avec des moyens hégémoniques.

Je n'ai jamais compris pourquoi nos dirigeants mentionnaient si peu Rome dans leurs conversations. Certes, Houphouët-Boigny s'était inspiré de la basilique Saint-Pierre pour construire la sienne dans son village natal. La foi du président ivoirien et sa petite taille physique l'ont rendu captif de la belle érection catholique. Si j'avais été son conseiller, c'est au Forum romain que je l'aurais promené. Là, aux fondations des splendides ruines, je lui aurais fait toucher du doigt l'art quasi divin qui avait permis autrefois d'agglomérer les briques nobles avec celles qui sont ordinaires, le mortier d'argile avec la cendre ou la chaux, les cailloux avec la pierre de taille, en un mot, l'agencement où il entrait aussi la paille, héritage de la maçonnerie de l'Égypte antique.

Nous avons l'argile en Afrique ; l'architecture a été inventée chez nous ; nos maisons n'attendent que le maître des briques rouges. Dans ces conditions, des mains expertes ne les élèveraient-elles pas du sein de notre bourbier vers les toits en terrasse ? Pareille composition, pour s'ériger, n'a besoin ni de la tôle ni de l'amiante, mais seulement de la terre durcie, qui absorbe si bien la fournaise solaire, fécondant du même coup les orangers, les manguiers et les citronniers dans les vastes patios du bonheur retrouvé. Car j'aime Paris, mais sa fondation m'est une énigme. J'arpente ses rues en poète, quand bien même c'est Rome qui, seule, me rend architecte. Avec la Chine, les États-Unis et la France, l'Afrique noire devrait, comme l'ont fait jadis les pays européens, entreprendre à son tour le voyage de Rome. C'est là-bas qu'on apprend à bâtir, à penser, à lire, à écrire, à dessiner…

À ceux qui nous reprochent l'exploitation chinoise, répondons que nous n'avons pas changé de maître. Comment le pourrions-nous ? Nous tentons, aussi maladroitement que faire se peut, d'apprendre d'autres types de dominations. C'est tout de même un comble : au dominé, on veut enseigner ce que c'est qu'être dominé ! Nous connaissons cette expérience mieux que personne. Mais quelle est son essence ? C'est la question à laquelle nous ne savons pas encore répondre. Il nous presse pourtant de le savoir. Lequel de nos princes serait-il assez savant, je veux dire assez désireux des sciences, pour inscrire cette ambition au fronton de nos jeunes États ? Car l'amour du pouvoir tue, mais celui du savoir vivifie.

Arno Bertina & Driss Jaydane

## Arno Bertina

Né en 1975, Arno Bertina est l'auteur de *Le Dehors ou la migration des truites* (Actes Sud, 2001) et *Appoggio* (Actes Sud, 2003), second volet d'un triptyque clos par *Anima motrix* (Verticales, 2006).
Il est par ailleurs l'auteur de *La Déconfite gigantale du sérieux* (Lignes/Leo Scheer, 2004) sous le pseudonyme de Pietro di Vaglio ; de *J'ai appris à ne pas rire du démon* (Naïve, 2006) et de *Ma solitude s'appelle Brando* (Verticales, 2008).
Pensionnaire de la villa Médicis (Rome) en 2004-2005, il a écrit *Anastylose* (Fage, 2006) avec Bastien Gallet, Ludovic Michaux et Yoan De Roeck. Membre du comité de rédaction de la revue *Inculte*, il a écrit, avec François Bégaudeau et Oliver Rohe, *Une année en France* (Gallimard, 2007), et a participé à l'ouvrage collectif *Une chic fille* (Naïve, 2008).

## Driss Jaydane

Né à Casablanca, de mère française et de père marocain, Driss Jaydane fait des études en philosophie et sciences politiques. Il se découvre un fort penchant pour la littérature et une passion pour Michel Foucault, Franz Kafka, Hermann Broch, mais aussi pour les spiritualités, notamment le soufisme. Il a publié des chroniques sociales, des textes d'analyse politiques, donne des conférences et anime des séminaires sur la pensée de Michel Foucault. Il a également publié un roman, *Le Jour venu* (Éditions du Seuil, 2006).

Bonsoir Driss,

Un aveu pour commencer : la situation m'embarrasse un peu. Je ne sais par quel bout prendre cette proposition de dialogue Nord-Sud. Je ne vous connais pas, vous ne me connaissez pas, comment ou par quoi commencer ? Dois-je tenter de vous décrire ce que je fais, sans que vous en ayez émis le désir, ou choisir plutôt de parler de but en blanc de la situation politique française qui a fait naître le désir de ce dialogue un peu bancal car il se nourrit plus d'un désir d'échange en général que de celui de dialoguer avec quelqu'un de précis. Mais depuis trois jours que j'ai votre adresse, je tourne autour. Elle est comme un petit signe qui rayonne, phosphorescent, sans que je puisse comprendre de quoi elle est le signe. J'imagine des personnes prises au hasard, à la descente du bus ou dans une salle d'attente : vous leur tendez une enveloppe timbrée adressée à quelqu'un qui vit de l'autre côté de la Méditerranée ou de l'Oural. Elles vous regardent sans comprendre mais rentrent chez elles avec l'enveloppe, qu'elles posent un temps sur la table basse avant de réaliser que quelque chose les turlupine. Un bloc de vie est tapi là, dans ce bout de papier obsédant comme un bruit qu'on n'identifie pas, un courant d'air qu'on n'arrive jamais à empêcher. Un courant pour un appel d'air, un appel d'air discret, une injonction muette à sortir de soi. En vous écrivant sans rien savoir de vous, je fais confiance à ceux qui ont eu cette idée, je vais au-devant de ce qui m'est étranger, d'une vie qui n'est pas la mienne, au contact de laquelle je vais pouvoir me réinventer un autre quotidien, d'autres joies et d'autres problèmes, une autre lumière. Cela fait un bien fou de faire confiance, ça grise, on se sent léger. Je ne veux pas vieillir en devenant moi-même, je ne veux pas mourir en étant ce que je suis aujourd'hui. Ce que je suis aujourd'hui, je fais confiance au cours des choses et des rencontres pour l'user jusqu'à la corde. Quand je me rase, le matin, c'est toujours en espérant que je ne me reconnaîtrai pas, dans le même miroir, au moment de me débarbouiller. (Connaissez-vous ce passage de Nicolas Bouvier, dans

*L'Usage du monde*, quand il rase, en Iran, la barbe qu'il a laissée pousser depuis son départ de Suisse ?) Mais concrètement, ce qui se passe en France, actuellement, c'est l'inverse ; des gens ont été portés au pouvoir, qui renvoient en masse des étrangers, et peu de gens se mobilisent pour soutenir dans la rue le travail de certaines associations. C'est terrible, ça ne vit pas. Ça s'épuise, à force de crispation et de stress. Ça ne fait plus confiance.

*Arno*

Bonsoir Arno,

N'est-ce pas – pour parler un peu comme Bouvier – ici l'usage du hasard qui compte ? Nous verrons bien. Cela dit, je crois que, aujourd'hui, le hasard devient nécessaire ! Il n'est pas mauvais que des forces fabriquent, pour nous, ces rencontres que les déterminismes de l'époque interdisent, comme les nouveaux dieux d'une Olympe qui se trouveraient, désormais, ici-bas, au milieu du monde, au milieu de nous.

Avec le temps, nous perdons goût à l'étrangeté, nous perdons le goût de cette épice rare qu'est un caractère différent ! Un terrible malheur veut qu'aujourd'hui même l'étrangeté s'achète au rayon des fruits, us et coutumes exotiques ! Se déprendre de soi, voici la vraie raison qui nous poussera à nous écrire, et j'aime cette idée, cher Arno !

*Driss*

Bonsoir Driss,

Avons-nous perdu goût à l'étrangeté ? Je ne sais pas. En fait, pour tout dire, je me méfie toujours, excessivement — c'est-à-dire sans doute à tort aussi —, de ce qui se présente comme un constat historique. Après tout, nous ne savons pas ce qui se passait, ce qui se vivait dans le rapport à l'autre, autrefois. Même la génération de nos parents nous est profondément inconnue à ce sujet et les livres d'histoire ne peuvent que nous donner une approche imprécise de cette question. Est-on plus ou moins tolérant qu'avant ? Est-on plus ou moins raciste qu'avant ? Je ne sais pas. La France des années 1970, qui recrutait au Maghreb pour Billancourt, était-elle moins raciste que la France d'aujourd'hui qui ne se mobilise pas contre des reconduites au pays pourtant honteuses ? Je n'en suis pas certain. Je pense que ce désir d'ouverture et d'accueil de l'autre, que beaucoup d'écrivains travaillent au corps, dans chaque phrase, est toujours fragile, jamais acquis, toujours à rejouer. On n'aurait jamais eu, en fait, le goût de l'étranger. Dès qu'on exulte parce qu'on a réussi à creuser une place en soi pour accueillir de la différence, du neuf, dès qu'on a réussi à tordre une phrase pour que, cassée, elle laisse entendre une autre voix qui était dessous, aussitôt on se relâche. Cette étrangeté ou cet étranger devient un acquis et on se referme sur les acquis comme les magots sur une cacahuète. Peut-être est-ce pour cela que, lorsqu'un artiste termine une œuvre, il en commence une autre ou a ce désir — pour cette raison et non pour des raisons d'angoisses personnelles. Exactement comme les danseurs et les gymnastes s'entraînent en permanence pour que n'apparaissent aucun point dur.

Écrivant cela, je me dois de prolonger : je ne crois pas que les gens qui sont au pouvoir en France aujourd'hui soient à ce point l'expression d'une France rancie. Je pense qu'ils servent clairement les intérêts de la caste à laquelle ils appartiennent ou rêvent d'appartenir. L'électorat ou le peuple ne réagissent pas pour des raisons autres, à mon avis. De la même façon que je ne pense pas que le soi-disant terrorisme islamiste soit le reflet de l'opinion musulmane.

Dans les deux cas, il s'agit plus, à mes yeux, d'une attitude presque mafieuse et non d'une évolution profonde des populations.

Je m'avance là sur des territoires où je ne suis pas maître, pas expert. Ce que je sais, c'est que les discours visant à discréditer l'époque, affichant un pessimisme et une nostalgie me semblent toujours suspects. Peut-être cet optimisme me vient-il de l'écriture, qui est peut-être, avec les autres arts, celle des activités humaines qui se nourrit le plus consciemment des autres, des étrangers de tous poils. Mais si elle me rend optimiste sur le long terme, elle doit aussi me donner la force, au jour le jour, de ne rien laisser passer de ces points durs qui apparaissent dès qu'on n'y prend pas garde. Je vous suis à cent pour cent quand vous dites que la vraie raison qui nous pousse à écrire est de se déprendre de soi. J'ai écrit, il y a trois ans, un petit livre sous pseudonyme, *La Déconfite gigantale du sérieux*, et je l'ai écrit sous pseudonyme pour cette raison : pour dire que si l'on écrit, c'est pour la joie que procure l'écriture et non pour retrouver son nom en haut d'une couverture. Comme par hasard, c'est celui de mes livres que j'ai écrit le plus rapidement et le plus joyeusement.

En vous souhaitant une excellente année, cher Driss, amicalement,

*Arno*

Bonsoir Arno,

J'ai pris mon temps, c'est une certitude ! Je comprends mieux ce qui m'a poussé à traiter notre correspondance un peu par-dessus la jambe, c'est peut-être, au fond, l'attente que quelque chose se produise, quelque chose comme une voix qui me dise : « Cette fois, tu peux y aller, le principe de la correspondance est suffisamment "désacquis" pour que vous ayez des choses à vous dire ! », à moins qu'il ait fallu que quelque chose me reste du peu que nous avions échangé : le peu, c'est peut-être finalement l'essentiel qui fait que des mots peuvent de nouveau se mêler de nous, se mêler à nous, pour que, « pêle-mêle », nous recommencions à creuser !

Je reviens sur cette question de la déprise, je suis heureux que vous y soyez sensible. J'y vois le seul chemin possible à la construction d'un début de subjectivité, je me déprends, donc je serais, peut-être... Se déprendre ? Tomber dans le vide, pour n'entendre plus que les battements de ce qui demeure vivant, à savoir la Vie même, en nous, la Vie, c'est le Sujet, peut-être, à creuser encore... Et c'est ce qui me fait tant aimer les artistes, particulièrement les écrivains, qui sont – pour les vrais ! – ceux qui, au péril de leur corps, de leur entendement, de leur salut peut-être, vont faire de leur vie un art de la chute. L'écrivain – le seul ! – est celui qui s'est choisi pour vie de tomber, pour entendre à chaque fois ce battement de cœur dont les livres – les vrais – sont les oreilles et les bouches. Écrire, c'est aller chercher ce battement, sa résonance, faible pour les uns, puissant pour les autres, la rapporter, cette pulsation, pour tout ceux que tomber effraie. Se dépendre, alors, si l'on veut y trouver du sens, cela me semble relever de l'acte d'amour, du don, mais aussi du privilège ultime d'avoir été choisi pour cet abîme dont on revient à chaque fois plus aimant du monde et de la Vie.

À bientôt, cher Arno

Cher Driss,

J'aime beaucoup cette histoire de battement. Pour la fragilité que cela met en avant. J'aime beaucoup l'idée que la vie et la littérature puissent être les têtes de pont de quelque chose de très puissant et de quelque chose de très fragile aussi. Il y a derrière cela quelque chose d'assez asiatique, je crois : la plus grande puissance est celle qui n'ignore pas la fragilité qui la constitue. Une œuvre peut nous bouleverser considérablement mais quand elle le fait, c'est en s'avançant sur le fil du rasoir. Donc, oui à cette image que vous utilisez de la chute, de l'équilibriste, du fil-de-fériste, si on la débarrasse de toute connotation religieuse. Si on retire aussi au mot de salut tout le pathos dont nombre d'artiste le recouvrent. Parce qu'il est bien entendu que nous n'avons pas à être sauvés, nous n'avons commis aucune faute, nous n'avons pas chuté. On se tient, en écrivant, en se battant au quotidien pour des combats politiques précis ou pour survivre, dans la plus grande exposition, dans la plus grande fragilité, exposé à la chute permanente, toujours recommencée, mais c'est tout. Rien de métaphysique là-dedans, aucune place pour la déploration, ou la honte d'exister et d'écrire et de fantasmer la puissance incroyable d'une œuvre. Je crois que je déteste cette honte-là, parce que j'ai l'impression de voir comment l'idée est piégée, manipulée. Certains politiques et certains intellectuels l'agitent pour mieux faire taire. Je crois au contraire que précisément la fragilité de nos ambitions comme de notre parole est ce qui doit pousser à parler, à hurler, à manifester, à rire très fort, à inventer des slogans, des raisons d'être ensemble, de ne pas vouloir qu'une partie de l'humanité, parce qu'elle est sans papiers, soit reconduite à la frontière (de l'humanité confortable). La fragilité libère du confort, de vivre assis. Si je m'accepte fragile, infiniment, alors je ne suis plus crispé sur ce que je fais, ce que j'acquiers. Travailler à partir de notre fragilité, c'est travailler à se déhiérarchiser certainement, à se déhiérarchiser intérieurement et extérieurement, dans mon rapport avec les autres, à refuser cette partition entre ceux qui auraient droit au confort, à la Sécu, etc. et ceux qui n'y auraient pas droit.

Sur ce, et puisque c'est l'heure, je vais aller me déhiérarchiser au bar du coin et boire à ta santé, cher Driss.

Amicalement,
*Arno*

François Bon & Eugène Ébodé

## François Bon

*Cf.* www.tierslivre.net

## Eugène Ébodé

Né en 1962, Eugène Ébodé quitte le Cameroun à vingt ans. Depuis il vit en France où il a d'abord été formateur et consultant au Centre national de la fonction publique territoriale, devient ensuite directeur des affaires culturelles, puis directeur de cabinet du maire d'Achères.
Il était chroniqueur littéraire de l'émission « Cosmopolitaine » sur France Inter et depuis trois ans, il se consacre entièrement à l'écriture et collabore au *Courrier de Genève.* De nombreux ouvrages, essais, nouvelles et romans, ont été publiés, notamment *La Transmission* (Gallimard, 2002), *La Divine Colère* (Gallimard, 2004), *Silikani* (Gallimard, 2006) et *Le Fouettateur* (Vents d'ailleurs, 2006). Il a obtenu le prix Ève Delacroix, décerné par l'Académie française, en 2007 pour son roman *Silikani*, lequel évoque en effet les moments qui précèdent l'immigration vers l'Europe.

Cher Eugène Ébodé,

Difficile de s'écrire sans se connaître.

Et plus tellement l'habitude des correspondances.

Mais on peut se dire qu'il ne s'agit pas de tout régler dès la première lettre et qu'on peut plutôt énoncer ce vers quoi on doit cheminer.

Par exemple, si on part des différences administratives qui ont motivé ce projet, tellement il y a longtemps que je me sens citoyen de la planète et pas d'un de ses quartiers, tellement aussi, j'imagine, la condition de voyageur est universelle et – la curiosité qu'elle induit est la même pour tous, où qu'elle nous mène, parle-t-on la même langue, dans l'usage commun qu'on fait de celle-ci, la vieille langue française toute chargée de coutures et cicatrices, boursouflée aussi, si, bien évidemment, rien de l'histoire accumulée, coloniale y compris, ne peut traverser la langue sans y laisser trace ?

Quand j'écris avec la langue française, je dois certainement être en conflit avec elle : si je suis géographiquement d'une origine liée à son usage, c'est un usage aux spécifications régionales fortes (le poitevin était une langue), dans une société où la dureté de vivre s'embarrassait peu de la maîtrise de l'écrit.

Et, quand j'écris avec la langue française, je sais aujourd'hui que j'ai à supporter un poids, huit siècles d'usage, qui pèse bien peu dans les secousses du monde, ne nous donne que son usure ou son inertie et nous contraint, pour sa réception, à une frange toujours plus régionalisée de ceux qui l'emploient, alors précisément que ce que nous affrontons est plus ductile et concerne un monde devenu total. Vous sentez-vous d'un monde neuf? Et parlons-nous la même langue ?

On commence par là ?

Amicalement

*F*

Cher François,

Je t'écris de Boston, la capitale du Massachusetts, connue pour avoir donné un charismatique président aux États-Unis en la personne de John F. Kennedy, et reconnue pour ses prestigieuses universités, comme Harvard ou le Massachusetts Institute of Technology (MIT). Je sors d'une visite du Museum of Fine Arts et j'ai encore en tête les splendides antiquités égyptiennes occupant, dans un élégant bâtiment moderne au goût sobre et bostonien – gratuit en ce 20 janvier, jour ferié en raison du Martin Luther King Day –, une place de choix. Avant de les contempler, je me suis arrêté dans la galerie présentant la collection d'arts africains. J'y ai donc revu avec émerveillement les pièces rares évoquant les splendeurs de l'Égypte révolue et en particulier la période de la sublime reine Hatchepsout. Il n'y a pas que l'art funéraire qui ait de nouveau attiré mon attention, mais j'ai été frappé par l'importance que les anciens habitants de la vallée du Nil accordaient à cette chorégraphie de la transcendance qui nourrit l'esprit et lui permet donc d'accéder plus solidement à l'immortalité. J'ai aussi vu les masques bamileke, kongo, ibo et yorouba avant de m'arrêter un long moment devant une pièce en bois évoquant la cosmogonie dogon et Amma, l'œuf originel duquel découle et procède la vie. Ensuite, tout en méditant sur la vie et la mort, je me suis rendu à l'étage, dans une aile ou l'on présentait une importante exposition temporaire consacrée à Napoléon et aux symboles du pouvoir. J'ai donc revu les emblèmes adoptés par Napoléon, des fleurs de lys à l'abeille en passant par les lions, inspirés par l'Égypte et symbolisant la puissance. J'ai retenu de cette exposition le fait que Napoléon avait d'abord cherché à imposer un style dépouillé, érigeant la simplicité en modèle avant de s'abandonner au culte de la richesse tonitruante. Ainsi se terminent aussi les révolutions. Mais nous devions parler d'un sujet précis, l'immigration, et voici que je m'égare ! Non, après tout, Bonaparte ne fut-il pas un immigré corse avant de devenir le maître des Francs puis de l'Europe ? Oh, comme nous avons la mémoire gommeuse ! D'ailleurs, ici aux États-Unis, à l'heure où l'on se demande si l'Amérique peut élire un président issu de l'immigration, je dis à ceux que je rencontre que nous, en France, nous avons eu un Premier consul issu de l'immigration, devenu empereur. Il n'est même pas besoin de remonter si loin, car nous venons aussi d'élire un président originaire de Hongrie. Alors, l'Amérique serait bien inspirée de donner les clés de la Maison-Blanche à un Noir, non parce qu'il serait sans domicile fixe, mais pour la force de ses idées et de son caractère, comme aurait dit Martin Luther King Junior.

J'avais deux choses à ajouter concernant l'immigration, mais je veux finir sur Napoléon, mon frère immigré… Je pense qu'il faudrait un jour que les hommes courageux, ayant à cœur de réparer des fautes du passé napoléonien, rendent hommage au général Dumas ; avant son fils Alexandre, il fit honneur à la France en refusant d'abord la confusion que Napoléon voulut entretenir entre la caisse de l'État et sa fortune personnelle, après la victoire en Égypte dont Dumas fut le héros. Disgracié, revenu de l'enfer de Naples affaibli mais incorruptible, cet officier noir refusa encore d'aller rétablir l'esclavage à Saint-Domingue, ce que Napoléon lui enjoignait de faire en prétendant vouloir le tirer de l'oubli où il l'avait précipité.

Cher François, l'éloignement momentané du pays m'encourage donc à poser les deux questions suivantes :

– Par quel malheur laisse-t-on en France des journaux, des maisons d'édition, des conseils d'administration, des syndicats, des radios et des télévisions publiques s'opposer à la diversité ? Nos compatriotes noirs ou d'origine arabe et asiatique ne sont-ils bons et uniquement visibles que dans le sport ? Il me semble que leur relégation dans les faits mine la société et la défait plus que le recours à l'immigré en tant que bouc émissaire responsable des maux français auquel ont recours les démagogues et les opportunistes afin de remporter des élections ou de susciter des réflexes de peur.

– Au moment où l'on nous parle tant de francophonie, peut-on me dire combien d'auteurs issus des pays francophones sont enseignés dans nos lycées ?

Au fond, par ces deux questions, je résume ce qui me taraude. J'ai le sentiment que les espaces d'implication réelle à la vie du pays, cantonnant les uns à certains stades de la vie professionnelle et limitant la diffusion des œuvres littéraires des auteurs issus de l'immigration perpétuent un système d'apartheid. Cette situation ne perdure que pour conforter la victoire idéologique d'une droite extrême. La lépénisation des esprits bénéficie d'un consensus national partagé par la gauche et la droite en France. Chez nous, un homme de la trempe de Barack Obama n'aurait été, dans le système élitiste et ethnocentré actuel, au mieux, qu'un sous-préfet dans les Cévennes. Enfin, il me semble, cher François, que le recul de la civilisation commence par le renvoi de l'autre au plus loin des yeux et de l'espace territorial pensé comme en situation d'invasion par les étrangers. Étrange réflexe ! De grandes civilisations, me semble-t-il, se sont éteintes en chassant leurs immigrés. Regardons l'Espagne du XV$^{e}$-XVI$^{e}$ siècle. Regardons la République de Weimar. Les mains qui refusent de s'ouvrir, pensent les Betis, ne pourront jamais saisir la bouée qui évite le naufrage. Celui-ci est toujours possible pour tous les immigrés que nous sommes quand le ressentiment gronde en des lieux et terres soudain hostiles. Nous ne nous sommes jamais rencontrés, cher François, mais nous partageons, je crois, le refus du ressentiment passéiste et du larmoiement victimaire postcolonial.

Cher Eugène,

Boston nous a donné aussi quelques bons musiciens, en particulier dans ce début des années 1960 de l'explosion Bob Dylan-Joan Baez, quand il était question des droits civiques américains et du vote des Noirs. Quant aux collections africaines de nos musées, je ne peux jamais les contempler, même lorsqu'elles sont de beauté saisissante, sans penser à L'Afrique fantôme de Leiris, et comment des intellectuels par ailleurs honorables pouvaient se comporter en simples trafiquants et pilleurs de tombes. Je sais que nous avons, nous autres, à expier ces franges plutôt abjectes du colonialisme, l'absence de réaction intellectuelle à l'exhibition des Kanaks à Vincennes lors de l'Exposition internationale de 1935 en fait aussi partie.

Mais je ne suis pas le frère de Napoléon. Cette figure de l'immigrant, à laquelle on peut s'associer à distance, ne peut être qu'une simplification à l'image des contrôles à la couleur de la peau dans le métro, et il faut sortir de ces oppositions binomiales. Je ne sais pas quel immigrant à distance je suis : le pays de marais dont je viens a servi de bagne dès les Romains, et encore à l'époque de Louis XIV et à celle de Bonaparte. Les bateaux portugais ou nordiques s'y arrêtaient pour le sel ou l'eau douce, d'où un drôle de mélange, qui ne m'intéresse pas tellement, d'ailleurs.

Pour revenir à ce que j'aime des États-Unis, et c'est un concept d'abord formalisé et radicalisé par Ginsberg et toute la constellation d'étudiants juifs dont Dylan fait partie, ce que résume leur I don't do roots... Nous sommes de ce territoire et de ce présent, c'est l'engagement dans ce temps et cette ville qui définit notre identité et ce que nous exigeons du partage. Je me sens bien à New York, parfois mieux qu'à Paris et périphérie, précisément à cause de ce déplacement dans l'idée même d'identité, où nous avons encore énormément à apprendre pour les choses élémentaires de la communauté, là où elle souffre, là où la violence surgit à l'image de ce qu'elle dénonce, jusque dans ces prolongements que tu pointes sous l'appellation générale francophonie. Mot que je récuse, comme je récuse tout événement littéraire s'y référant. Reste que les lignes de combat, de résistance ne recoupent pas ce qu'il désigne : j'ai le même âge à deux semaines près qu'un auteur que je considère comme mon frère, Patrick Chamoiseau, et je ne crois pas que nous lions Rilke ou Rabelais de façon différente : la réception qui lui est faite, de longtemps, est sans nul doute – si on la rapporte à nos démarches contemporaines expérimentales – un contre-exemple à ce que tu dénonces, et c'est de ce faux antagonisme qu'il faut sortir.

Le sentiment national ne m'intéresse pas. J'ai vécu dans plusieurs pays d'Europe et suis plus attaché, par exemple, au sentiment européen. Je me conçois depuis bien longtemps comme citoyen du monde, et c'est cela l'appui théorique à partir duquel j'essaye de me comporter.

Restent les enjeux de langue, tels qu'ils émergent d'un monde sous domination libérale, soumis aux enjeux d'argent, largement obtempéré par le Yalta miniature à quoi continue de jouer, dans sa volonté hégémonique, le club des puissants. Et ces enjeux, s'ils ne sont pas indemnes de cette domination, sont en partie autonomes : la fonction de la littérature ne se résout pas à celle de la langue. Les transfuges, comme Joseph Conrad ou Samuel Beckett, pour n'en prendre que deux, ont bien souvent été ceux qui nous ont le plus ou le mieux enseigné notre devoir d'homme et comment il passe par la langue, jusque dans la part la plus obscure de nous-même.

Alors cette question est aujourd'hui globalement posée à la langue française : elle n'est plus, de longtemps (mais pas non plus sa voisine allemande ou sa voisine italienne, et quel chant pourtant, dans les deux, nous le savons), un vecteur d'universalité. La langue chinoise est la première aujourd'hui sur Internet, l'anglais suit.

Je parlais avant-hier avec un enseignant de basque : ceux qui expriment aujourd'hui leur confrontation au monde depuis cette langue ancestrale le font des deux côtés d'une frontière administrative forte, même dans les lois Schengen. Aujourd'hui, on passe directement du basque à l'anglais pour trouver à cette confrontation littéraire son espace propre. En Martinique, où j'ai eu la chance de conduire des stages d'écriture, j'ai pris comme un immense gâchis le fait que les étudiants choisissent désormais Boston ou Toronto, en tout cas la langue anglaise, pour un destin qui ne soit pas grevé par nos relents de colonialisme : ils ne viennent plus de ce côté de l'Atlantique. Aujourd'hui, j'aurais tendance à penser que le dommage est certes grand pour nous autres, ici, mais que c'est une grande chance en compensation pour eux. À nous, de vieille langue, d'étroit territoire, de les rejoindre dans cet espace plus large et d'y maintenir notre spécificité. La marginalisation ou la régionalisation de notre langue vaut tout aussi bien pour moi que pour les amis écrivains créoles (d'où l'importance conceptuelle et fraternelle, depuis bien longtemps, qu'a pour moi leur réflexion d'ensemble).

Alors, oublions Napoléon : tu es donc frère des massacres qu'il a perpétués en Espagne, frère de cette équipée misérable en Russie ou des fastes par quoi l'Empire liquide les meilleurs acquis révolutionnaires ? Certes pas !

La notion même de diversité, telle que tu l'énonces dans ta lettre, me semble seconde par rapport aux principaux enjeux de la soumission à l'argent et à ce que cette soumission conserve en elle des vieux préjugés de la domination coloniale : la situation faite à la littérature contemporaine, pour les jeunes auteurs, dans les instances éditoriales, radiophoniques, etc. est du même ordre d'éviction, au nom du consensuel. C'est la même chose pour le recul de la prise en compte des critères artistiques, dans la galaxie politique ou syndicale. Ne nous trompons pas de cible. Soyons plutôt immigrés ensemble, dans ce système qu'il nous revient, avec nos armes de mots, de rouvrir à l'homme.

Amicalement,

*F*

**Mardi** 4 février 2008

Cher François,

Oui, j'adhère à ta vision ouverte, panoramique de la citoyenneté. Malgré les obstacles juridiques, les héritages historiques et les réflexes chauvins qui en contrecarreront la réalisation jusqu'à la fin des temps, j'aimerais tellement que triomphe la patrie universelle et que recule le rétrécissement qui raréfie l'air dans la petite patrie que le hasard des naissances accorde au genre humain. Oui, me plaît ce qui sublime. M'énerve ce qui restreint et fait de nous des *embedded*. J'ai apprécié ton évocation de Joan Baez et de Bob Dylan, ces chantres de la large vision, de l'utopie cosmopolite et d'une contre-culture qui nous invitait, me semble-t-il, au fameux *Take the best and leave the rest*. En ces temps où le désenchantement suinte, il est bon de poser sa tête sur des édredons soyeux à partir desquels, les yeux ouverts à la possibilité de congédier les carcans, les musiciens, les artistes clamaient haut et fort le renouveau d'une fraternité sans frontières.

J'adhère donc sans réserve à l'idée d'une citoyenneté irréductible comme l'est l'humanité en chacun, sauf pour ces monstres qui ont, à cause de leur barbarie et en raison de l'imprescriptibilité de leurs crimes, déchiré le pacte essentiel qui les liait à la communauté des humains. Il m'est devenu pénible de citer ces barbares car, en parcourant les galeries du musée de l'Holocauste, il y a quelques jours à Washington DC, je me disais, en revoyant la manière dont un ancien caporal de l'armée allemande haranguait les foules avant de les pousser à œuvrer pour la sauvagerie des sauvageries, je me disais qu'on ne pouvait le nommer sans frémir. Lui et les autres bourreaux historiques ont souillé ce beau mot : Humain. Pour cela, ils nous épouvanteront pour l'éternité.

*Take the best and leave the rest*, disais-je, je prends donc la citoyenneté-monde comme la meilleure perspective qui puisse nous rapprocher de l'« homme intégral » dont parlait Senghor, et non de l'« homme intégré » que susurre aux oreilles complaisantes le discours opportuniste et nationaliste. Mais, puisque nous vivons en des lieux qu'il convient de nommer et dont les rites nous invitent à quelques positionnements provisoires ou durables, me voici donc revenu au pays, heureux de reprendre pied et langue avec le sol national, pardon, la terre de France.

J'ai donc laissé l'Amérique à ses primaires pour la désignation des deux candidats autorisés à concourir à l'élection présidentielle. Je l'ai laissée un rien hagarde et angoissée par la banqueroute financière et sociale qu'elle traverse, traumatisée par la réduction de son potentiel économique et soucieuse de son influence dans le monde. J'ai dû subir une escale prolongée à Francfort pour des raisons techniques. Pendant celle-ci, j'ai eu le choix entre trois activités :

– m'assoupir dans l'un des inconfortables fauteuils des salles d'embarquement,

– me livrer aux joies du shopping,

– ou me plonger dans la lecture de l'essai de François Denord intitulé *Néo-libéralisme* (version française, éditions Demopolis).

Renonçant à la première hypothèse, j'ai opté pour la troisième et j'ai poursuivi la lecture d'un livre qui, contrairement aux thèses reçues, indique que le néolibéralisme n'a pas attendu les années 1980 pour venir du monde anglo-saxon vers la France, mais que c'est bien dans notre pays qu'il a commencé à prendre forme dans les années 1930. Selon l'auteur, les «libéraux», ulcérés de voir l'action étatique supplanter l'initiative privée sur le terrain économique, occupèrent même des positions enviables dans le régime de Vichy avant le retour au pouvoir de Pierre Laval en 1942.

J'ai dû néanmoins abandonner ma lecture en me souvenant de la promesse faite à un ami de lui rapporter un cigare Davidoff à mon retour des États-Unis. Hélas, au moment de payer mon paquet de cigares, une employée, dans le premier magasin où je me suis précipité, m'a alors demandé mon passeport et mon billet d'avion. J'ai obtempéré et, avec le plus beau sourire, elle m'a dit que le citoyen européen que j'étais ne pouvait, en se rendant dans un pays de l'Union, acheter un produit détaxé. J'aurais pu acheter ce produit si ma destination avait été en dehors des pays de l'Union européenne. La loi communautaire est dure, mais c'est la loi ! J'ai donc été courroucé par la perspective de ne pouvoir faire plaisir à un ami. La citoyenneté européenne me l'interdisait. J'aurais pu immédiatement penser au Take the best and leave the rest, mais le slogan des sixties n'était pas dans mon esprit à ce moment-là. En quittant le magasin des produits détaxés, j'ai flâné dans les kiosques à journaux et jeté un coup d'œil sur les dernières nouvelles du monde. On parlait d'un jeune *trader* français (on le surnommait il n'y a pas longtemps *golden boy*) qui avait précipité la banque La Société générale dans une tourmente financière en lui faisant perdre près de cinq milliards d'euros. Ailleurs, il était question de la grogne des travailleurs allemands réclamant à leur chancelière Angela Merkel l'augmentation de leur pouvoir d'achat. Comment y répondrait-elle ? Prendrait-elle ses ordres à la banque européenne dont le siège est précisément à Francfort ? Que disaient les gestionnaires de la monnaie européenne face à la dépression en cours aux États-Unis ? Baisserait-elle le taux de change avec les risques inflationnistes d'une telle opération ou ferait-elle l'autruche en attendant que passe l'orage boursier ? Tu conviendras avec moi, cher François, que je ne pouvais me trouver à Francfort sans méditer sur les affaires monétaires. Mais la question n'est jamais simplement de savoir si une monnaie est forte ou faible, mais si elle correspond aux ambitions d'un peuple souverain. Si la souveraineté que nous appelons de nos vœux ne peut être qu'universelle, c'est-à-dire conforme aux attentes de tous les peuples de la planète, alors, rêvons un peu, rêvons à une monnaie unique que les peuples partageraient du Nord au Sud et de l'Est à l'Ouest. Rêvons donc que, disposant de cet instrument-là, les peuples n'auraient plus à se livrer à des guerres économiques et pratiquer des systèmes d'exploitation au nom du mercantilisme atrabilaire et chauvin. Rêvons qu'il n'y aurait plus qu'une seule guerre à laquelle les nations, enfin tournées vers l'accomplissement du meilleur, fourbiraient leurs armes contre la pauvreté des corps et des esprits, la guerre à la réduction de notre potentiel humain que les égoïsmes nationaux cultivent.

À cet horizon-là, le concept d'immigré aura vécu et le citoyen intégral aura surgi sur la scène du village global. Il n'y aura plus, nulle part dans le monde du citoyen intégral, des êtres humains faméliques et harassés, brinquebalant dans des barques d'infortune et voguant vers ces cimetières marins dissimulés dans le détroit de Gibraltar, dans la mer des Caraïbes ou le long de la Méditerranée. La mer, si courtisée mais tout aussi gloutonne et avaleuse de tant de vies prématurément désespérées, enfantera d'autres voyageurs en son ventre fécond et treillissé, en ses eaux qui murmurèrent jadis le long lamento des corps emmurés et qui battront soudain la mesure du gai recevoir. Alors, nous ne serions plus tous des immigrés, mais tous des citoyens d'une terre une et enfin indivisible.

Bien à toi, citoyen, mon frère !
*Eugène Ébodé*

Brigitte Giraud & Kangni Alem

## Brigitte Giraud

Née en Algérie en 1960, Brigitte Giraud vit à Lyon. Elle est auteure de romans dont *La Chambre des parents* (Fayard, 1997), *Nico* (Stock, 1999), *Marée noire* (Stock 2004), *J'apprends* (Stock 2005), d'un récit *À présent* (Stock 2001) et d'un recueil de textes courts *L'Amour est très surestimé* (Stock 2007). Elle a obtenu la bourse Goncourt de la nouvelle en 2007. Ses livres sont traduits dans une douzaine de pays étrangers.

## Kangni Alem

Né en 1966 à Lomé au Togo, Kangni Alem est titulaire d'un diplôme en sémiologie théâtrale et d'un doctorat en littérature comparée. Il fonde l'atelier théâtre de Lomé et signe entre autres les mises en scène de *Mère Courage* de Brecht, *La Route* de Wole Soyinka et *Récupération* de Kossi Efoui. Nouvelliste, dramaturge, traducteur, Kangni Alem est également critique littéraire et a enseigné aux universités de Wisconsin-Madison et de Bordeaux-III. En 2001, il publie *Rachid Boudjedra, la passion de l'intertexte* aux Presses universitaires de Bordeaux. Connu d'abord comme dramaturge, le théâtre lui permettant de contourner la censure sévissant dans son pays, Kangni Alem remporte le prix Tchicaya U Tam'si du concours théâtral interafricain RFI en 1990 avec sa pièce *Chemins de croix* (NEA, 1991). En 1994, il publie et met en scène sa pièce *Nuit de cristal* (Limoges, Le Bruit des autres).
En 2000, il publie *La Gazelle s'agenouille pour pleurer* (Éditions Acoria) et signe en 2002 *Cola Cola Jazz*, son premier roman (Éditions Dapper).

Cher Kangni Alem,

Rassurez-vous, j'ai été moi aussi très occupée professionnellement, et, en ce sens, je me sens pleinement européenne, toujours prise par le temps. Je voulais, avant que nous ne correspondions, déplier une carte d'Afrique et localiser le Togo. Parce que bien sûr, comme vous l'imaginez probablement, je ne suis jamais allée en Afrique (je suis seulement née en Afrique du Nord, ce qui est une autre histoire) et je ne sais pas tout à fait situer votre pays sur une carte. Autant dire la vérité.

Vous voyez qu'après le problème du temps, se pose celui de l'espace. Et là, ça devient très grave !

Alors voilà qui est nouveau pour moi :

– j'arrête le temps pour vous écrire ;

– je sais précisément où est le Togo, je sais aussi que c'est le plus petit pays d'Afrique occidentale, plus quelques autres détails dont nous parlerons peut-être plus tard.

Donc c'est un grand jour pour moi. Merci d'avoir rendu cela possible !

J'ai regardé aussi votre blog et je me suis dit que vous étiez bien plus organisé que moi (je ne suis pas même capable de créer un blog) et que votre parcours, via les États-Unis et la France (je ne me trompe pas ?) est nettement moins riquiqui que le mien…

Voilà, cher Kangni, quelques réflexions pour commencer, j'espère à bientôt le plaisir de dialoguer.

Bonne soirée ! (Il est 22 heures 30, heure locale, et la température extérieure est de 8 degrés.)

*Brigitte Giraud*

Chère Brigitte,

Localiser le Togo sur une carte d'Afrique, je le reconnais, est une entreprise assez délicate. On passe souvent à côté, et les yeux se perdent dans l'abîme marin du golfe de Guinée. Mais, comme je le dis souvent aux gens, oui, pas facile de trouver ce pays sur la carte, mais on peut dire la même chose du Malawi, du Botswana, voire du Burundi, alors… heureusement que, de temps en temps, nous avons eu des occasions de nous révéler au monde : la dictature, les mauvaises élections, la coupe du monde 2006 et la saga de la revendication des primes de matchs. Voilà pour le décor. Mais votre démarche a du sens, on ne peut dire la même chose de tout le monde. Je me souviens que j'ai agi ainsi avant de venir faire mes études à Bordeaux. J'ai pris le dico, un vieux dico. La ville où j'allais était « Bordeaux : port anglais…, commerce de sucre, d'esclaves… » Reviendras-tu vivant, mon fils ? avait ironisé ma mère ! Oui, si l'on prenait le soin de se documenter sur les gens, peut-être éviterions-nous plus facilement quelques malentendus. Voilà ma réaction en ce début de dialogue. Il est 7 heures 20 du matin, je m'étais réveillé tôt pour travailler à la traduction d'un recueil de nouvelles de l'écrivain malawite Steve Chimombo, et je dois déjà aller préparer les enfants pour l'école. Ah, le temps !

À suivre…

Cher Kangni,

Je reprends la conversation après avoir été interrompue par une semaine de travail intense et assez excitant. Je m'occupe d'un festival de littérature dans la région lyonnaise (la fête du livre de Bron) et j'ai eu le plaisir de recevoir une cinquantaine d'écrivains, tous invités pour des lectures et tables rondes à propos de leurs livres. Mais comme toujours, ce qui prend des mois à être construit, imaginé passe en un éclair, et je me demande aujourd'hui si ce week-end a bien eu lieu. L'identité était cette année le fil conducteur des rencontres et débats, un mot qui nous occupe ici en France depuis toujours, mais surtout depuis qu'un « ministère de l'Identité nationale et de l'Immigration » a vu le jour récemment, initiant ici et là remous, débats, contestations et volonté de comprendre ce qui clochait dans cet intitulé. Pourquoi y aurait-il un lien entre « identité nationale » et « immigration » ? Je vous pose la question, telle que nous nous la posons…

Depuis notre dernière conversation, je me suis renseignée sur la coupe du monde de foot 2006 et les primes de matchs, et cela m'a intéressée de voir que la plupart des joueurs togolais jouaient dans d'autres pays qu'au Togo, à l'exception d'un seul, si mes sources sont bonnes. À bien y regarder, il est étonnant de voir que le foot nous aide aussi à comprendre le monde et que sa logique, sans pitié, nous permet de ne pas trop nous faire d'illusions sur le vaste fonctionnement de la logique économique…

Voilà, c'étaient les pensées du jour, la nuit est tombée et l'écran de mon ordinateur commence à m'éblouir, il va falloir préparer le repas et j'ai oublié d'acheter le pain, ça commence mal. Comme je n'ai pas envie d'y aller à pied (la boulangerie est à 500 mètres, honte à moi, je crois que nous allons nous en passer)

À très bientôt de vos nouvelles.

*Brigitte*

Chère Brigitte,

La France de N. Sarkozy a osé postuler un lien entre identité de la nation française et immigration, et beaucoup de gens se demandent pourquoi. À mon avis, c'est le signe que la France a perdu ses Lumières et est entrée de plain-pied dans l'ère de l'instrumentalisation de l'étranger à des fins politiques. Perdrai-je mon temps à argumenter sur un sujet pareil ? Franchement, venant de la part de Sarkozy, c'est carrément de la rigolade, cette histoire, sauf qu'elle ne me fait pas rire du tout. À moins que ce ne soit une volonté de la part de votre président d'oublier ses propres racines barbares (au sens littéral du mot).

Bref, le lien pour moi n'a pas de sens, puisque la France a toujours prôné sa capacité à « intégrer », donc ne devrait avoir peur de personne, d'aucune culture. C'est tout aussi prétentieux, mais au moins le concept d'intégration obéit à une volonté et peut être partagé par ceux qui le souhaitent. Parce que, oui, il y a des étrangers qui veulent vraiment s'intégrer et d'autres pas, en tout cas pas de la manière qu'on voudrait. Vaste débat…

Voilà quelques réponses à la question. Je suis à Lomé, au Togo, il fait une chaleur du diable, mais ce n'est rien à côté de ce qui nous attend en mars, le mois le plus chaud de l'année.

Je vous embrasse.

*Kangni*

Cher Kangni,

Oui, utiliser l'étranger à des fins politiques est bien ce qui se passe ici, depuis assez longtemps, hélas, pour qu'on perde foi en ceux qui prétendent conduire le pays vers un quelconque avenir. Chacun se replie, chacun entend défendre son maigre privilège, je ne vois plus de générosité dans ce pays, et encore moins de préoccupation collective.

Comment avoir confiance en un homme – Sarkozy – qui traite l'un de ses concitoyens de « pauvre con » (ce qui s'est passé dimanche au Salon de l'agriculture et fait le tour du pays, indignant une partie de la population), autant dire « pauvres cons de moutons de Panurge qui avez voté pour moi ». Autant dire « pauvres cons » de dominés, alors que « moi je fais partie des dominants et je vous emmerde ». Voici l'ambiance en France en cette fin de mois de février 2008. Même les employés des remontées mécaniques de la station de ski de Courchevel (l'une des plus chic des Alpes) sont en grève, rien ne va plus… et les Parisiens, tout juste arrivés aux sports d'hiver (ceux qui ont les moyens de se payer des vacances en montagne), butent sur la réalité du pouvoir d'achat qui fond comme neige au soleil ces derniers temps…

Je rentre d'Italie où le retour de Berlusconi aux prochaines élections semble inéluctable, et où une partie des Italiens ne savent comment éviter le pire. Voici deux pays, la France et l'Italie, qui vont bientôt marcher main dans la main, conduits par des hommes sans projets, sans dignité, sans humanisme, mais portant des Rollex à leur poignet. Que faire ? Comment agir ? L'opposition semble bien inconséquente.

Alors, comment nous remonter le moral, à nous pauvre cinquième puissance mondiale embarquée sur une méchante pente savonneuse ? Il ne nous reste plus que l'humour, rire de nous-mêmes, nous moquer de nos mollesses et du résultat de nos laisser-aller, rire jaune tout au plus, parce que nous qui prétendions donner des leçons de démocratie au monde entier, nous voici dans un pays où la honte nous gagne, honte de ce que nous sommes devenus et peut-être de ce que nous avons laissé faire.

Heureusement, nous n'avons pas à répondre à la question de la légalité de la chasse aux éléphants… Je ne sais ce que prévoient les lois Hortefeux à leur égard.

Sinon, il fait un temps splendide, les jardins sont déjà en fleurs malgré la saison et les fleuves sont au plus bas par manque de pluie…

Bonne soirée, à très bientôt.

*Brigitte*

Cher Kangni,

Vous évoquiez, dans votre dernier mail, la « chaleur du diable » à laquelle vous alliez être soumis en mars… Est-ce le cas ? Comment parvenez-vous à vous protéger ? Vivez-vous autrement pendant cette période ? L'énergie vous quitte-t-elle ?

En France, le mois a vu s'échelonner des bourrasques de neige, des journées à 20 degrés au soleil, des vents violents, des nuits de gel… Disons que tout est mêlé mais que les arbres fruitiers sont en fleurs. On nous annonce déjà que 80 % de la récolte d'abricots dans la vallée du Rhône est compromise, et les agriculteurs demandent à l'État des promesses de compensation financière.

Depuis notre dernier échange, les élections municipales ont eu lieu, comme vous le savez, réinstallant une nouvelle présence de la gauche dans une majorité de villes, ce qui représente le premier revers pour le gouvernement en place. Gouvernement qui répond que les Français ont voté à gauche parce que les réformes entreprises (par la droite) ne sont pas assez rapides... Dialogue de sourds.

En tout cas, le mot d'ordre est « Ceinture ! » comme le titrait *Libération* jeudi dernier, précisant que « le ralentissement de l'économie pourrait contraindre le gouvernement à revenir sur certaines de se promesses »... Oui, ça ralentit à fond, économiquement, socialement et mentalement. Et les temps prospères sont loin derrière et sûrement pas devant. Cela va-t-il contraindre les gens à être plus solidaires ou plus méfiants ?

En attendant, je vous souhaite une bonne soirée. Nous venons juste de nous mettre à l'heure d'été (nous avons avancé nos montres d'une heure), ce qui veut dire que le soir il fera jour plus longtemps.

À très bientôt, j'espère.

*Brigitte*

Chère Brigitte,

Je m'amuse souvent à dire que, si la fin du monde devait avoir lieu, elle aurait lieu en mars, au Togo. C'est effectivement le mois le plus chaud de l'année et, contre sa rigueur, il n'y a souvent pas grand-chose à faire à part boire, boire, boire et porter des vêtements en coton. Mais rassurez-vous, la fraîcheur a commencé à pointer son nez, avec les premières pluies, qui ont même fait reverdir la pelouse de ma cour. Oui, j'ai une pelouse, j'aime voir du vert le matin au réveil, même si je n'ai pas toujours les moyens d'arroser convenablement le gazon. À propos du ralentissement de l'économie, nous en sommes au même point, à croire que la mondialisation signifie pénurie d'abord. Les prix des denrées de première nécessité à Lomé sont exorbitants, le pain coûte la peau des fesses, et le gouvernement nous explique que c'est à cause du cours mondial du blé qui a explosé. Les syndicats ont réussi à glaner une promesse d'augmentation des salaires de 3 %, ridicule au regard de la cherté de la vie, alors qu'au Cameroun l'augmentation récente est de 15 %, de quoi faire râler les syndicalistes togolais. La débrouille est de mise. Les fins de mois sont difficiles pour tous, même moi, avec mon salaire d'universitaire, je tire le diable par la queue, ou le diable me tire par la queue, la même chose au fond !

Je t'écris ces mots non des tropiques mais des frimas bordelais. En effet, j'y suis depuis une semaine pour les répétitions de ma nouvelle création théâtrale, *Apprentissage de la mémoire.*

À suivre, toujours.

*Kangni Alem Alemdjrodo*

Cher Kangni,

Comment va la vie depuis notre dernier échange ? Je crois que nous devons mettre un point final à notre conversation (les personnes qui nous ont suggéré cet échange doivent à présenter ramasser toutes les copies !). Donc, il nous reste moins de quelques jours…

Visiblement, la fin du monde n'a pas eu lieu en mars au Togo, et nous sommes bientôt en mai, donc tout va mieux de votre côté ? À part le prix du blé qui, si l'on en croit la conjoncture mondiale, n'est pas près de baisser.

Je rentre de Londres où le prix du ticket de métro est de 4 livres (soit 6 euros), et il m'a fallu interroger plusieurs fois le distributeur automatique, dans toutes les langues, pour comprendre que je ne me trompais pas. J'allais fréquemment à Londres il y a vingt ans et je logeais dans un quartier pakistanais, proche du centre et de Hyde Park, on y mangeait de la cuisine au curry vendue à l'étalage pour quelques pennies et des « fish ans chips » pour trois fois rien. Mais les Pakistanais ont été boutés hors du centre-ville, de même que toutes les minorités et aussi les rockers ou punks qui déroulaient leur oisiveté dans King's Road ou Carnaby Street. Le centre de Londres est beau architecturalement, la juxtaposition des docks rénovés et les buildings à la Norman Foster sont du plus bel effet, de jeunes enfants se promènent en trottinette à la sortie de l'école, impeccables dans leurs uniformes. À Londres, tout le monde travaille, c'est le plein-emploi, chauffeurs de bus, de taxi, serveurs, mais personne ne peut se loger nulle part, il faut parcourir des kilomètres pour rentrer chez soi.

La ville est donc laissée aux touristes, aux riches habitants et aux Émirs arabes.

Alors, Lyon, Lomé ou Londres ? Où la vie est-elle la plus enviable ? Pour qui ?

Bonne journée, et à très vite, pour, je crois, un dernier échange.

*Brigitte*

Chère Brigitte,

S'il faut terminer cet échange, trop court pour des raisons de disponibilité au quotidien, je le ferai sur la question de savoir en quel lieu la vie serait plus facile. La réponse va de soi. Ces derniers jours à Lomé, la question qui nous préoccupe est justement celle de la vie chère, du prix trop élevé des denrées de première nécessité, à croire que plus le nombre des hommes augmente sur Terre, plus la famine guettera les peuples les moins organisés. Une semaine auparavant, je participais comme observateur à une réunion de la Commission politique de l'OIF chargée de réfléchir sur la préparation du prochain Sommet de la francophonie à Québec. L'ambassadeur de Djibouti avait balayé d'un revers peu diplomatique les thèmes de discussion proposés aux chefs d'État de la francophonie, sous le prétexte juste qu'il est impossible à des chefs d'État de pays pauvres d'aller discuter de « langue française » ou de « démocratie et État de droit » au moment où leurs populations menacent de se déverser dans la rue pour crier famine. Je suis d'accord avec lui. Les priorités réelles de nous autres, pays africains, sont la redistribution des richesses et le poids de la vie au quotidien. D'ailleurs, c'est peut-être parce que nous avons peine à résoudre ces questions urgentes que nous semblons ne pas savoir où nous allons, donnant quelquefois raison à ceux qui nous font la leçon, genre Sarkozy, pour revenir à lui !

Alors, oui, le blé est cher mondialement, mais nous produisons autre chose et nous pouvons nous passer de cette céréale. Alors pourquoi ne le faisons-nous pas ? Vaste question qui nous entraînerait dans un parcours historique, où nous devrions citer toutes les tentatives de « rêveurs » africains (Sankara, Sekou Touré, Olympio, Bourguiba…) de se défaire de cette propension de l'Occident à faire de nous des consommateurs. Sarkozy a tout faux, comme tous ceux qui pensent que l'Afrique ne produit rien. Quand elle produit, l'Afrique, on refuse l'accès de ses produits à la mondialisation. Exemple : je consomme quand je vais au Bénin une eau minérale de bonne facture nommée Possotomé, du nom de la source qui donne cette eau aux populations du Bénin. Supposons qu'un homme d'affaires béninois veuille commercialiser cette eau minérale en France… on lui objectera des tas de normes ISO à respecter, de taux de nitrates ou de sodium… Et même s'il se conformait à toutes les exigences, il suffirait que Carrefour ou Auchan mette la bouteille de Possotomé en tête de gondole (je rêve) avec la mention « Origine Afrique ». Dis-moi, sincèrement, tu penses que le consommateur français tressaillirait de joie à l'idée de faire boire à ses chères « têtes blondes » de l'eau d'Afrique, alors que la télé lui a déjà montré toutes les eaux croupies où les lions et les hommes vont boire ou se battre ?

Je suis dur, je sais, mais c'est l'image que j'ai de la fameuse mondialisation. Elle est à sens unique, et cela, Sarkozy le sait ou ne le sait peut-être pas, je n'en sais strictement rien. Donc, si je reviens à son discours, c'est pour en dénoncer définitivement la futilité et la stupidité.

Chère Brigitte, au terme de cet échange, je ne souhaite plus qu'une chose, faire une vraie rencontre un jour dans Paris pour poursuivre la conversation.

Amitiés virtuelles,

*Kangni*

Cher Kangni,

Je crois qu'on entre vraiment dans le vif du sujet et que la représentation de l'Afrique dont tu parles, l'image associée à l'Afrique, est la bonne question. Est-ce que nous autres Européens aurions envie de donner à boire de l'eau africaine à nos chères « têtes blondes » ? demandes-tu justement. Depuis que j'ai reçu ce mail, j'y ai beaucoup pensé, me disant qu'en effet on nous avait joué, depuis quelque temps, le coup de l'« Afrique impure », celle à laquelle tu fais allusion. Je me disais aussi que c'était quelque chose de récent et je pense que ce qui s'est passé notamment au Rwanda et l'apparition et la présence du sida y sont aussi pour beaucoup. Ce n'était pas le cas quand j'étais enfant, l'Afrique était pour nous synonyme de rêve, d'idéal de beauté, de mystère, d'animaux sauvages, de liberté, de chaleur, de paysages grandioses, de lumières, de couleurs, de matières chatoyantes, de peuples étonnants, de dignité, de coutumes pleines de sens, de l'homme en lien avec la terre et l'origine… L'Afrique était présente dans nos imaginaires d'enfants, c'était une Afrique (le fantasme d'une Afrique) d'une richesse (symbolique) infinie, même si, dans un même temps, on nous parlait du Biafra, du Sahel et de la famine. Je crois qu'il aurait été possible alors que les Européens consomment de l'eau africaine, des denrées africaines, achètent des tissus, des vêtements non pas dans l'objectif de consommer moins cher, mais parce que l'imaginaire était fort et « positif ». Si tu regardes l'imagerie détestable de la boîte de cacao Banania, il n'empêche que cela était possible que nos « têtes blondes » prennent un petit déjeuner dont l'origine était liée à l'Afrique (et je ne suis pas sûre que l'imagerie colonialiste ait beaucoup à voir dans cette donnée…). L'Afrique avait à voir avec l'enfance, je ne saurais expliquer pourquoi ni comment, mais elle correspondait à ce qui est excitant pour un enfant et pourquoi pas pour un adulte, parce que associée à l'aventure, l'aspect sauvage de sa faune, ses forêts tropicales, sa chaleur, son soleil (fantasme encore une fois, mais image « positive »)…

Les choses ont changé, semble-t-il, et c'est vrai qu'il paraît plus difficile d'importer et de vendre l'idée de l'Afrique, pour les raisons que tu évoques notamment.

Je crois que tout ceci serait à penser, à creuser, à réinventer, mais il y a là, je crois, un enjeu passionnant. Tu vois, par exemple, le film *Le livre de la jungle*, eh bien tous les enfants français (et les autres, américains, européens ?) croient qu'il se déroule en Afrique, et non pas en Asie comme c'est le cas. Tout le monde veut croire que c'est de l'Afrique qu'on parle, avec les régimes de bananes qui tombent des arbres, les rivières qui t'emmènent dans leurs chutes magnifiques, les piscines naturelles, la beauté à chaque détour du chemin…

Voilà, c'était une réaction à vif, suscitée par ton exemple de commercialisation de l'eau, sacré bon exemple pour comprendre les effets de la mondialisation.

J'espère moi aussi que l'occasion se présentera de partager un moment « pour de vrai », à Paris ou à Lyon, où je vis.

Si tu en es d'accord, je vais transmettre notre conversation aux personnes qui nous l'ont proposée, et nous verrons ensuite quel projet en découlera peut-être.

Bien amicalement.

*Brigitte*

Marie Cosnay & Raharimanana

## Marie Cosnay

Marie Cosnay vit et travaille au pays basque, à Bayonne. Elle a publié notamment *Villa Chagrin* (Verdier, 2006), *Déplacements* (Laurence Teper, 2007), *André des Ombres*, (Laurence Teper, 2008), *Trois Meurtres* (Cheyne éditeur, 2008), et traduit les Livres X, XI, XII des *Métamorphoses* d'Ovide (http://www.musagora.education.fr/ovide/intro.htm).

## Raharimanana

Né en 1967 à Antananarivo, Raharimanana devient journaliste pigiste à RFI puis enseignant de français. Depuis 2002, il se consacre entièrement à l'écriture, à la recherche et à la restitution de cette mémoire trahie par des récits où « se confondent mythe et réalité ». Il a publié des recueils de nouvelles, des pièces de théâtre et des romans, notamment *Nour, 1947* (Le Serpent à Plumes, 2001), *L'Arbre anthropophage* (Joëlle Losfeld, 2004), *Za* (Philippe Rey, 2008) et *Tsiaron'ny nofo* (tononkalo, éditions K'A, 2008). L'ouvrage *Madagascar 1947* (2e édition bilingue français-malgache, Vents d'ailleurs, 2008) a été adapté récemment au théâtre (mise en scène Thierry Bédard, 2008).

*Bayonne, le 12 novembre 2007*

Cher Jean Luc Raharimanana,

Je suis à peu près tranquille aujourd'hui. J'ai fermé les volets de mon bureau. Je ne vois pas le grand camélia qui fleurit déjà. Je me sens un peu à l'abri dans cette pénombre. Petit mal de tête, presque accompagnant, habituel. Depuis plusieurs jours je pense au courrier, celui-ci, que je veux vous écrire. Je savais, seule avec moi-même et affairée, les mille choses précipitées dont je souhaitais à tout prix parler avec vous. Bien sûr, le moment de tranquillité est venu, je suis à mon bureau, du temps se présente, et je perds les fils, nombreux, que je croyais pouvoir dans un certain ordre tirer.

Ce matin, ce n'est pas un hasard, dans ma boîte à lettres j'ai trouvé votre *Madagascar, 1947*, avec les photos de Ravoajanahary. *Trop loin, mon île.* Toujours dans ma boîte à lettres : *Dernières Nouvelles de la Françafrique* et le dernier numéro de *Billets d'Afrique*. Trop loin, 1947 ? Robert Bourgi, proche de Jacques Foccart, vient d'être fait président de la Légion d'honneur par le petit président qui disait la rupture.

Je vais courir d'une chose à une autre, je ne ferai le tour de rien ; parfois pourtant on le voudrait, et se dire que, les choses une fois dites, il n'en sera plus tout à fait de même, ni pour nous ni pour le petit morceau d'espace que nous occupons.

Quand j'ai expliqué à David, quinze ans, qu'un projet de correspondance entre écrivains venait de naître autour de la politique d'immigration, en France et en Europe, qu'il en viendrait peut-être un livre, il m'a répondu que nous ne prêchions ainsi que pour les convaincus. J'ai répondu qu'il s'agissait d'analyser plus que de convaincre, de donner à savoir, aux autres, à nous-mêmes. Qu'ainsi les choses ne pouvaient pas tout à fait faire leur même chemin d'attaque. Qu'elles étaient alors déviées, par le prisme (le peu qu'on pourra !) de la pensée. Cela dépend de nous. Je lui ai dit Klemperer, qui n'a rien empêché.

Le jour où Éric Pessan me fit part de ce projet de livre-dialogue collectif, j'acceptai en effet avec enthousiasme. Le soir, petit drame familial. « Analyser, analyser, maugréait David sur son canapé (pas exactement dans la position de formuler ni d'argumenter), de toute façon ce sont toujours les mêmes qui analysent les mêmes. » Il continuait : « Ne pas distinguer ne pas montrer, ne pas étudier ne pas analyser ne pas faire de l'homme un objet d'étude. » Sa tristesse était doublée du fait qu'il ne savait pas dire, argumenter. Et je semblais ne rien comprendre. « Plus tu mets l'accent sur quelque chose ou sur quelqu'un, plus tu le distingues, le montres, en fais quelque chose, quelqu'un de différent. Plus tu marques les limites les frontières. Et enfin, pour qui vous prenez-vous ? »

Dans *Nour 1947*, les coloniaux rampent aux pieds des Allemands exterminant juifs et bolcheviques. En 1943, le narrateur participe à l'extermination. Se reproche plus tard (est-ce que je ne déforme pas ?) d'avoir jugé que ce n'était pas son combat.

Je racontais à mes élèves de douze ans quelques *histoires folles* des Grecs, comme ils disent. Pieds gonflés d'Œdipe, coup de bâton sur le crâne de Laïos, massacre fraternel de ses enfants maudits, autres réjouissances. Quelqu'un fit remarquer qu'il n'y avait pas que les Grecs : l'histoire de rompre les eaux pour avancer était complètement folle. Tuer un géant avec une petite pierre quand on est un enfant, c'est fou également. Et les autres civilisations ? Est-ce que leurs histoires sont folles, aussi ? Parce qu'on est né ici, on ne nous raconte que des choses d'ici ! Non ! « Un jour en sixième, ajouta le tout petit Pierre, on nous a dit un conte mongol. »

*Madagascar, 1947.* J'ai noté le passage où votre ami, Benja (le frère de Nour ?), et vous-même, étudiants, dans les forêts de l'Est, meniez il y a quelques années une enquête sur les droits des anciens combattants. Le vieux chef rebelle a fui devant « vos papiers et vos stylos ». En 1947, des gens d'Antananarivo ont arrêté et fusillé tous les rebelles du MDRM dont les noms figuraient sur les listes…

Avec papiers et stylos… Combien c'est triste, dans votre texte, de voir le vieux monsieur s'enfuir, combien d'années après, quarante ou plus, devant vous, vos papiers et vos stylos !

Le projet Base-élèves[1], déjà établi dans une vingtaine de départements, consiste à établir une fiche par élève. Fiche qui suit l'enfant de la maternelle à… et qui permet de récolter des informations sur la nationalité, les résultats scolaires, les suivis RASED, la langue et la culture d'origine, les absences, les intervenants éventuels, la situation familiale, la santé, la date d'entrée en France…

Chez Belin (2007), Gérard Noiriel dirige et réunit une série d'études, dans *L'Identification*. L'idée est d'interroger les manières qu'eut l'État, dans l'histoire, d'identifier les individus, les groupes. Dans quel but. De l'identification physique, pour la reconnaissance immédiate, *de visu* (cicatrices, fer rouge) jusqu'à la biométrie contemporaine (iris, contour de la main, empreintes).

Il y a une semaine, je crois, je lisais que les « ex-campeurs » de Sangatte étaient marqués, au poignet, au stylo indélébile. Pendant que les migrants abordant en Europe sont fichés de l'iris. Et identifiables n'importe où en Europe.

Je pense : l'union de l'archaïsme (marquage à même la peau) et de la technique soi-disant imparable, scientifique, infalsifiable.

Les techniques de contrôle antiques (*de visu*) et modernes (de loin). Ce qui choque, c'est que toutes les manières d'identifier et de contrôler, de près ou de loin, d'une manière violente et humaine d'une part, d'une manière violente sans douleur et inhumaine d'autre part, sont réunies.

Réunion des deux techniques de surveillance. De l'individu par l'individu, de l'individu par le groupe d'individus, et par autre chose, qui tient lieu de groupe et demeure très abstrait. La réunion de l'antique et du moderne. Tout au service du contrôle. Cela prouve-t-il la peur des États européens ? Penser cette peur.

Les poignets des réfugiés sans refuge. Les yeux, les contours des mains. Alliance de l'archaïsme et de la technologie infaillible (qui ne l'est pas, d'ailleurs : ce qui intensifie l'illusion des petits pansements antipeur). Penser le corps. Le corps écrit et lu.

1. Projet qui sembla après la rédaction de cette lettre partiellement abandonné, mais qui est actuellement repris sous le nom *Edvige*.

J'ai été marquée par ce que vous me disiez rapidement, dans un de vos tout premiers mails : il vous semble pour la première fois depuis dix-sept ans à Paris que vous avez affaire à d'autres gens.

D'autres gens. Il se passe alors vraiment quelque chose? Quelque chose de nouveau? C'est difficile à penser. Difficile à penser, l'événement, la rupture (justement). Sentiment toujours d'une triste continuité, quelque chose se poursuit, se mène, on se retourne, il est déjà bien tard, quelque chose, oui, s'est passé, sans rupture, sans esclandre, se passe, et on laisse faire.

Brice Hortefeux parlant des immigrés «avec papiers» par opposition à ceux qui n'en ont pas. Les premiers : «propres et honnêtes». Les seconds sont donc, faut-il le comprendre… sales et malhonnêtes. En passant.

À ce propos, Michel Agier, dans *Aux bords du monde, les réfugiés* (2007), explique qu'il y a dans les représentations un monde sale, un monde souillé, et un monde propre. On a créé le paria, à la frontière. Celui aux confins de la société, sans institutions, ne survivant que par perfusion des organismes internationaux. Le réfugié en attente. Ni chez lui ni ailleurs. Vivant le phénomène de la déconstruction de soi. Quelque chose de brisé qui ressemble à toutes les brisures : quand la vie s'interrompt, quand des pans de vie entiers plongent d'un côté, qu'on ne sait pas ce que dessinera le reste, l'à-venir, ni ce qu'a représenté l'avant, ni ce que ça construit, tout ça, comme drôle de figure.

Et c'est là qu'une question se pose. Parler, tenir, rester, supporter. Mais la difficulté de dire. La difficulté du récit de soi. Surtout quand le soi s'est un peu démantibulé. Nous croyons aux mots. Qui se battent contre l'arrêt, la mort, l'endroit où tout cesse : contre le réel. Dans une tragédie, autour du corps du mort, chacun s'efforce, tend les mots, trouve le temps entre eux, décompose, réunit, argumente, complexifie. On échoue encore. On recommence. On devient un personnage, temps et espace en poche. Ou presque. Mais quel effort!

Si le silence était aussi langage de tragédie? La phrase, lien logique, généralise. Les mots sont une infinie possibilité d'échapper au tragique. Pourtant. Dans nos vies, pour peu que nous soyons en situation d'infériorité dans une relation à l'institution (c'est bien souvent le cas), il faut parler, se dire, se raconter. Être cohérent. Faire du lien. Parmi les SDF, par exemple, sont reçus dans les centres de nuit ceux qui sont capables d'un bref récit de soi. On mesure aussi, outre le niveau d'alcool, le niveau de conscience demeurée. On fait ainsi un tri. Parler. Tout le temps. Raconter. Expliquer. Faire du lien. Entre avant et maintenant. S'exprimer. Se dire. Trouver la logique, la fiction que nous pouvons être à nous-mêmes.

Effets pervers et concrets de cette injonction à parler dans la vie de ceux qui sont aux bords du monde et aux bords de leur propre vie. Les demandeurs d'asile doivent, s'ils veulent une chance d'être crus et reçus par l'OFPRA, raconter ce que les agents formés pour les écouter sont capables d'entendre. Et qu'ils mesurent à ce qu'ils savent ou croient savoir. On sait pourtant que le vraisemblable et le vrai parfois s'opposent. On sait aussi que les parcours individuels échappent au vécu global et collectif d'un groupe en prise à divers conflits et guerres. Récit normé, donc. Auquel sans doute on reprochera de ne pas être fiable puisque répondant trop justement aux critères définis.

Je vous embrasse bien fort,

*Marie Cosnay*

*Antsiranana, le 15 novembre,*

Chère Marie Cosnay,

D'ici penser le monde? La chaleur est comme une deuxième peau et se moque littéralement de toutes ces questions. Sombrer dans cette apathie où respirer devient un art est bien plus important. Je guette sur le mur les mouvements du gecko dont seuls les yeux bougent. Il est bien le seul être capable de respirer dans cette pièce. Son immobilité est toute relative, le temps lui appartient, ce temps qui m'oppresse, qui me paraît interminable.

D'ailleurs, j'ai failli oublier combien ici on vit différemment le temps, vivre hors du pays m'a changé…

Courir.

Prévoir.

Cela permet-il de réellement maîtriser les jours et les événements ? Les choses arrivent forcément car l'immobilité ne peut être, car l'immobilité est contraire à la nature même, contraire à l'homme, contraire au temps. Le gecko l'a bien compris, lui qui bondira tout à l'heure, attrapera sa mouche, son moustique, sa bestiole. Sur ce mur nu. Sur ce mur où rien ne devait se passer…

Hier, voyant s'égrener les minutes et ayant été dans l'impossibilité de lire ne serait-ce qu'un seul message – lente, si lente connexion –, j'ai failli m'énerver avant de réaliser l'absurdité de la situation. Tous ces clients du cybercafé, râlant, patientant, s'énervant, riant, se moquant, restaient quand même, là devant leurs écrans, poussant un cri de triomphe quand, au bout de vingt, trente minutes, un message s'affichait enfin devant eux. Que font-ils là réellement ? Ont-ils vraiment besoin d'envoyer ces messages ? Tout ce temps dépensé, est-ce bien nécessaire ? Et moi donc ? Je jette un œil sur mon voisin qui a eu son exploit du jour. Il s'empresse de répondre : « Super trop chaud ici, la plage est géniale. » Touche envoi. L'attente dure autant. Il aura traité un message en quarante minutes.

Quant à moi, oui, quant à moi, je n'ai pas pu ouvrir votre lettre en fichier joint. *Téléchargement en cours*, me rassure la machine. Je suis parti. J'ai payé pour un temps qui s'est bien moqué de moi.

Oui, pourquoi se presser ? Pourquoi cette velléité de maîtriser le temps dans un pays où chaque instant est chargé de misère ? De ce temps, en faire plutôt un allié. Le temps ouvre toujours les portes, le temps nous aménage toujours une plage de possibilité – j'ai jalousé le titre de Houellebecq *La possibilité d'une île*…

Alors, quand tous ces clandestins nous affirment que c'est toujours possible de traverser les continents, de traverser les mers, de franchir les frontières, de défier les murs et balles et barbelés de Ceuta, de Gibraltar, je veux bien les croire. Nul ne maîtrise le temps. L'Occident a tort de croire qu'en cadenassant l'espace il maîtrise le temps et l'histoire. Ériger le vide au bout des traversées n'abolit pas l'espérance dans le temps, le temps qui donnera, qui permettra qu'un jour…

Mais gecko sur le mur, les murs toujours, les barbelés, Ceuta donc, l'Europe contre nous barbares, pauvres envahisseurs, crasses du monde, le long des frontières mexicaines, les murs contre Gaza, terrorisme *no pasara*, intifada, guerre de pierres, scud et bombe humaine contre représailles et guerres préventives, traque des terroristes, bombes, feux d'artifice, bombes, murs de feu, Palestine, l'on exalte les murailles de Chine, visibles de la Lune, merveilles du monde, l'on s'extasie devant les murs d'Hadrien qui délimitent encore, presque encore, visibles et imaginaires, les barrières entre l'Écosse et l'Angleterre, sur une si petite île, sur un rien qui nous sépare filé par l'histoire...

Mes murs, sur l'île, n'étaient pas le long des frontières, on dira la mer on le pensera, mais non, les vagues, l'océan, l'horizon qui se dresse contre le regard, toujours non, les murs étaient là, autour de l'ambassade, de France bien évidemment, murs qu'on a renforcés depuis, impressionnants, près d'un mètre d'épaisseur, bunker contre attentat, Antananarivo, tourniquet, barrière de fer, les êtres silencieux sous le soleil, le long du mur qui les avale s'ils ont de la chance, candidats au statut d'envahisseur officiel, murs, mes murs n'étaient pas le long des frontières, ils étaient centre-ville, rue Refotaka, murs accolés au bâtiment, derrière, entrée pour nous miséreux – touristes de Malgachie n'existent pas ! –, accès principal rue Jean-Jaurès, rare parmi les rares rues à ne pas avoir ratifié un nom malgache après l'indépendance, oui Jean-Jaurès, oui, je connais chère Marie quelqu'un qui serait bien heureux de connaître l'exploit de cette rue qui résiste et résiste encore…

Geler l'immigration, entends-je, l'apologie de l'immobilisme, promesse de l'impossible. Geler la nature même de l'histoire. L'histoire ou l'interpénétration des peuples, un va-et-vient permanent des populations. Quelle vanité…

Les siècles ont tenté en tout cas, barbares nous le resterons toujours, pour mériter des murs…

Je repense à une page qu'enfant, j'avais déchirée et perdue d'un livre de Pline l'Ancien dans la bibliothèque du petit séminaire d'Ambohipo, cité d'enfance, page paire en latin, impaire en français, retrouvé le passage sur une bibliothèque en ligne, ici, des années plus tard, l'âge adulte, au-delà des murs que j'aurai traversés, moi le barbare…

*Les Atlantes, si nous ajoutons foi aux récits, ont perdu les caractères de l'humanité; ils n'ont point entre eux de noms qui les distinguent; ils regardent le soleil levant et couchant en prononçant des imprécations terribles, comme contre un astre funeste à eux et à leurs champs; ils n'ont pas de songes, comme en ont les autres hommes.*

*[3] Les Troglodytes creusent des cavernes, ce sont leurs maisons; la chair des serpents leur sert de nourriture; ils ont un grincement, point de voix, et ils sont privés du commerce de la parole. Les Garamantes ne contractent point de mariages, et les femmes sont communes. Les Augyles n'honorent que les dieux infernaux. Les Gamphasantes, nus, ignorants des combats, ne se mêlent jamais aux étrangers. On rapporte que les Blemmyes sont sans tête, et qu'ils ont la bouche et les yeux fixés à la poitrine. Les Satyres, excepté la figure, n'ont rien de l'homme. La conformation des Aegipans est telle qu'on la représente d'ordinaire. Les Himantopodes ont pour pieds des espèces de courroies, avec lesquelles ils avancent en serpentant. Les Pharusiens sont d'anciens Perses qui, dit-on, accompagnèrent Hercule dans son expédition aux Hespérides. Je n'ai pas trouvé d'autres renseignements sur l'Afrique.* Livre V.

Geler les positions, les riches resteront riches, les pauvres resteront pauvres. Le gecko émet son bruit. Je n'ai jamais su ce que cela signifiait. Lui si immobile, presque invisible, si agile au moment voulu, pourquoi signale-t-il ainsi sa présence ? Dans cette moiteur, ai renoncé à penser, m'ouvrir simplement aux possibles…

Je n'ai pas de songes, je n'ai point de voix, ne commerce aucune parole, et jusqu'au jour d'à présent, chaleur, respirer, pour demain encore j'imagine, je constate qu'on n'a toujours pas trouvé d'autres renseignements sur l'Afrique…

*Le 27 novembre 2007*

Cher Jean Luc Raharimanana,

Comment fabrique-t-on de l'identité, quelles identités, comment voyage-t-on dans l'identité, comment s'identifie et se désidentifie-t-on, à quoi et pourquoi ?

Trouver les mots ou plutôt interroger les mots de manière à ce qu'ils fassent un peu bouger les choses.

Pourquoi les démonstrations produites mille fois pour montrer la stupidité et la nocivité du racisme ont-elles si peu d'impact politique ?

Les émeutes à Villiers-le-Bel, après que deux enfants, Mousin et Lamary, dimanche soir, accident ou pas, ont été tués par une voiture de police, ont, paraît-il, doublé d'intensité.

*Émeutes / 2005 / Armes à feu / Quatre-vingt-sept / Grièvement / Centaine / Escalade / Du nouveau / Fusil à plombs / Une centaine de policiers / blessés / Garges / Goussainville / Organisation / Skyblogs / Réseaux / Criminels.*

Les enfants ont brisé le verre des cabines téléphoniques, ils ont fait des barricades avec des panneaux de signalisation et des boucliers avec des portières de voiture. Ils ont tenté de brûler l'école, la bibliothèque. Ils ont mis le feu à des poubelles. L'école, la bibliothèque. Et de s'étonner. Oh ! les lieux de culture.

*Du nouveau / Garges-lès-Gonesse / Cergy / Le 95 / Carabines de chasse / Une centaine de policiers blessés / Nouveau / Nouveau / La guerre.*

N'y a-t-il pas là un désir de fiction, un désir d'exception ?

Spectateurs, n'attendons-nous pas un peu d'événement ? Mais que deviennent les peurs collectives qu'engendre l'événement ?

*Au nom de la douleur des familles / Non-assistance à personne en danger / La voiture, tu as vu la voiture / Lieux de culture / Valeurs de la République.*

Les valeurs de la République. On va en entendre parler, de la République. Faire un tour dans les centres de rétention pour les y constater, les valeurs de la République.

Lieux de culture, égalité des chances, tolérance zéro ?

Certains tentent de passer les frontières les murs les mers les grillages les fossés et meurent. Au mieux attendent. Dans les centres d'Europe – les camps. Ou dans les forêts les déserts les non-lieux, aux portes de l'Europe – les camps.

Je vois la voiture. Je l'ai trouvée sur Internet, je n'ai pas pu m'empêcher.

Les adolescents ont manifesté aujourd'hui contre la réforme des lycées professionnels et contre la loi Pecresse. Les luttes construisent, affermissent. Une lutte vraiment menée, à quinze ans et plus tard, donne un peu de confiance et de dignité. Je pense cela, ce soir, alors que le chagrin pour les enfants malmenés et encore malmenés m'accable. C'est une forme d'identité (soi dans le groupe) que l'on trouve dans les luttes. Ces identités-là ont fabriqué quelque chose qui a à voir avec la citoyenneté, ou avec le sentiment de citoyenneté. Le trouver, ce sentiment, hors du « national » qui nous enferme, ce national hystérisé qui nous épingle. Les adolescents ne votent pas, eux non plus.

Il faudrait chercher à rendre valable, belle et fière, l'identité de tous ceux qui luttent – non pour leurs petits droits de privilégiés, mais pour des biens et services publics équitablement partagés dans le monde. Dans le monde. Une communauté mondialisée des luttants ?

Je vois la voiture. Je ne supporte pas la voiture. Les tôles sont arrachées, le devant de la voiture est démantelé. Les corps de deux enfants. Je voudrais appartenir au groupe qui fait corps autour des corps, qui jure qu'on n'y touchera pas, ni à la voiture ni à la moto. Qu'on n'oubliera pas. Ce sentiment d'appartenance, ce désir de participation, de près et de corps, m'étonne. Je suis si seule ici, dans le bureau, dans ma chambre, la plupart du temps silencieuse. Je voudrais y être, crier, jeter, brûler. Ainsi se trouvent des identités.

Nous sommes le 29 novembre. Avec nous, mange V. Il a dix-huit ans et des poussières. Il est géorgien. Il parle le géorgien, le russe, le turc, le kurde. Et le français. Et un peu l'espagnol. Parce que ça fait deux ans qu'il vit à Bayonne… Qu'il vivait à Bayonne.

Après que ses parents ont été tués en 2005 dans son pays.

Lassitude de V. avant même de commencer à essayer d'expliquer. Le récit « des problèmes », comme il dit, il aura tant de fois encore à le faire. Alors, se taire, parler du foot, qu'il pratique. Et ne peut plus, pour l'instant, pratiquer. Dans son club de foot, il serait si facile d'aller le chercher. Comme chez le restaurateur pour qui il travaille. Comme dans l'appartement de son frère. Rire, et entre les rires. Il ne peut pas manger. L'angoisse ? « Non, je ne veux pas grossir », dit-il.

Il y a une semaine, V., vivant chez son frère qui depuis quelques années a le statut officiel de réfugié accordé par l'OFPRA, il y a une semaine, V., qui prépare ses examens de français, fait un apprentissage de cuisinier chez un restaurateur de renom, joue au foot et participe à plusieurs tournois, il y a une semaine, V., titulaire d'un contrat jeune majeur, il y a une semaine, à 6 heures du matin, V. a été arrêté au domicile de son frère, par six policiers.

« Mais je n'ai rien fait », dit-il. Si, il a fait en mars 2007 une demande de titre de séjour qui lui a été refusée par le préfet des Pyrénées-Atlantiques. Le recours au tribunal administratif de Pau déposé par son conseil a été rejeté, au motif notamment que le jeune homme ne prouvait pas au moyen des actes de décès la mort de ses parents et donc l'absence de famille en Géorgie… Les démarches sont en cours pour obtenir ces actes, mais compte tenu de l'état durgence instauré dans ce pays, nul ne sait quand ils lui parviendront.

V. le 21 novembre 2007 a été placé en garde à vue à Hendaye, puis transféré au centre de rétention de Toulouse. Au centre de rétention de Toulouse, sur un vice de procédure, le juge des libertés de la détention de Toulouse l'a libéré… provisoirement. À 23 heures il est jeté dehors à dix kilomètres de la gare de

Toulouse. Sans argent en poche… V. s'est bien débrouillé. Il a pris un bus. Est rentré. Doit être protégé, pour ne pas dire « caché ».

L'employeur a compris : il attend que tout rentre dans l'ordre pour V. Que les actes de décès arrivent. Si on ne met pas en doute leur validité. Pas de test ADN chez les morts[2].

Je vous embrasse bien fort.

*Marie Cosnay*

*Noisy-le-Sec, 4 décembre*

Je ne supporte pas cet anonymat. V. Je ne supporte pas ces initiales. G. Refuse de me croire en terres hostiles. Est-ce à ce point ? Bascule-t-on dans la fiction ? N'est-ce pas non plus notre plus grand malheur ? Présenter une certaine réalité comme une fiction, un spectacle, un film qui se déroule sous nos yeux, nous faisant pleurer, rire, nous indignant peut-être, mais fiction en fin de compte. Comme ces enfants de Zoé. On en parle encore ? Rêves d'éclats de ces humanitaires ? Réussie, leur entreprise aurait été saluée comme il se doit, un exploit contre la misère, un exploit contre le génocide, le panache français, une interrogation du monde, etc.

Je ne supporte pas cet anonymat. Ces initiales me basculent dans la fiction alors que je connais trop bien ces réalités. À Montpellier, j'ai animé un atelier d'écriture pour un groupe de jeunes de seize à dix-neuf ans, Frêche venait d'interpeller amicalement ses amis harkis, sous-hommes que vous êtes, leur lança-t-il, querelle de famille, me dit une amie, c'est comme ça qu'on parle ici dans le Sud, il ne faut pas y voir du racisme, ne pas oublier le contexte, le tempérament de chacun... Sans papiers, ils étaient cinq à suivre l'atelier, six avec l'animatrice de RESF, ne sachant absolument pas ce qu'était un atelier d'écriture, croyant juste que j'allais les aider pour rédiger leurs demandes de séjour. Il a fallu leur expliquer. Leur dire. Les convaincre. Pourquoi écrire ? Pourquoi laisser des traces ? Pourquoi

2. Depuis, Vladimir a de nouveau été arrêté par la police aux frontières. Il a passé un mois au CRA de Toulouse. Puis il en est sorti, les pièces qui justifiaient la mort de ses parents en Géorgie finissant par être prises en compte.

c'était important ? Qu'il fallait passer par là. Que les démarches administratives pouvaient être oubliées le temps de cet atelier. Étais-je moi-même convaincu ? J'en doutais. Que faire ensuite des textes ? RESF était pour qu'on les diffuse. RESF était pour que les jeunes prennent eux-mêmes la parole. À la radio. Dans les journaux. Par des tracts. Prendre en main leurs propres destinées. Je ne voulais pas. N'est-ce pas le rôle des adultes ? De RESF ? Avait-on le droit de jeter ces enfants dans l'arène politique ? Car enfants sont-ils encore, oui, depuis qu'ils ont seize ans, depuis qu'ils ont quitté le système scolaire – à seize ans n'est-ce pas, l'école n'est plus obligatoire et on peut expulser tranquillement sans cet idiot obstacle de scolarité à suivre...–, ils vivent cachés, ils vivent avec la peur même de sortir et de dire leurs noms... l'identité barrée, vivre sans nom.

Ils ont accepté d'écrire.

Abdelmajid E. écrit :

*J'ai dix-neuf ans et je ne peux pas rentrer dans une boîte car j'ai pas un TITRE DE SÉJOUR.*

*Et tous mes potes rentrent en boîte et pas moi.*

*Je retourne chez moi je ne me sens pas bien je pleure tout le temps des fois je me dis j'existe pas.*

*Enfin j'existe mais c'est comme si j'existais pas*

*Je me mets sur mon lit et je vois un poster d'un footballeur et le lendemain je suis allé voir un club de foot et là aussi ils veulent pas me prendre parce qu'ils m'ont demandé un titre de séjour.*

*Et à la fin j'ai laissé tomber tout j'ai décidé de mourir*

*je me suis jeté dans une rivière*

*où il y a plein de crocodiles*

*Mais les crocodiles ne m'ont pas mangé, ils disent que j'ai pas de titre de séjour.*

*Fous le camp de ma rivière !*

Jusqu'aux pleurs, fous rires.

Karima B. écrit :

*Cette salle est grande et je suis assise au milieu il y a des tables et des chaises noires c'est comme si je voyais le ciel gris c'est comme si j'étais dans une ancienne maison vide et je suis habillée en noir et j'ai une écharpe noire comme si je n'existais pas*

*moi je me vois mais les autres ne me voient pas*

*J'ai ouvert une fenêtre et cette fenêtre est petite j'ai ouvert cette fenêtre et j'ai vu de la lumière et du soleil qui brillait j'ai quitté cette maison et j'ai traversé la rue je suis rentrée dans la salle j'ai trouvé une feuille blanche et un stylo noir et j'ai commencé à écrire ce que j'ai vu.*

*Et j'ai regardé autour de moi*
*et j'ai vu des murs blancs.*

Karima est belle. Karima ne croit pas que l'écriture apporte quoi que ce soit. Elle doit rentrer dès le coucher du soleil. Elle a un père sévère. Sa sœur va à l'école, sa sœur a des papiers. Son père a un travail. Son père a des papiers. Et pourquoi pas elle ? Pourquoi pas elle ? Elle est arrivée en France à cinq ans. Sans papiers. Hors regroupement familial. L'école l'a maintenue en France. À seize ans, l'école n'est plus obligatoire. Elle a reçu un avis de reconduite à la frontière. L'Algérie. Son père est en France. Sa mère est en France. Ses frères et sœurs sont en France. Nés ici pour certains. Français.

Karima écrit encore un autre jour :

*Regarder l'immensité des déserts inarpentés, bras broyés par les moulins, C'est le sens d'un mirage dans les combats des miroirs.*

*À travers l'eau et la lumière, si je traverse la rue, je meurs et si je meurs, je mets mon écharpe noire sur mon cœur, et si je meurs je m'endors, et si je m'endors je me réveille, et si je me réveille je regarde, et si je regarde je vois une écharpe blanche.*

Abdeslam R. un jour est arrivé avec un papier froissé, déchiré déjà. Il dit qu'il l'avait destiné à sa mère, sa mère là-bas au bled. Il dit qu'il ne l'a pas postée, la lettre. On aurait découvert l'adresse où le reconduire lui – à l'adresse de sa mère, expulsé là-bas, sur la honte de sa mère. On aurait trouvé l'adresse où il se terre lui – ici à Montpellier. Il lit :

*À ma mère*
*Je me languis du pain de ma mère*
*Du café de ma mère*
*Des caresses de ma mère*
*Car si un jour, je meurs*
*J'aurai honte des larmes de ma mère.*

*Je rêve*
*Avoir mes papiers*
*Et aller voir ma mère*
*Et manger avec elle et lui faire des bisous.*

*Chère mère, je t'écris cette lettre en silence avec un cœur brisé depuis le jour où je suis parti et je t'ai laissée. Chaque jour c'est pareil. Tout gris. Là mon stylo partage ma douleur. Je t'écris ces mots avec les mêmes larmes qui collent mes yeux quand je pense à toi. Ma mère. Mon vrai air. Même les montagnes me séparent. J'ai fait mon départ Maroc-France. Y a les mers et les montagnes qui nous séparent. Je garde toujours ce qu'on a fait. C'est une grande histoire au fond de ma mémoire. Ma mère toi t'es l'étoile qui brille sur moi. Je garde mes traces du passé dans mon cœur, les choses qu'on ne peut pas effacer.*

*Ton fils Abdelmajid.*

Tous les autres ont pris la lettre froissée et, à tour de rôle, ils ont lu. À haute voix. Pour toutes les mères.

Karima B. s'est défenestrée quelques mois plus tard quand elle a appris que sa demande a été rejetée. Je n'ai pas su trouver les mots. Aujourd'hui, elle est en fauteuil. Elle veut toujours écrire et je me sens coupable de lui avoir donné tant d'espérance dans l'écriture.

Faut-il pour cela se taire encore ? Rester dans l'anonymat pour ne pas être expulsé ? Pour ne pas trahir ceux qu'on cache ? Je hais ces dilemmes.

*Le 11 décembre 2007*

Cher Jean Luc Raharimanana,

J'ai réfléchi à ce que vous dites du silence – silence « outil de répression » – silence qui nous enferme dans ce que vous nommiez *fiction*.

J'ai compris *fiction* ainsi : tout se passe comme si nous pensions vivre quelque chose de connu, d'identifiable, fiction plus forte encore d'être un « ex-documentaire », tout se passe comme si on reconnaissait avec frissons ce qui est tellement su qu'on ne le vit pas comme un fait d'aujourd'hui, singulier et portant avec lui des rameaux d'explications historiques et contemporaines, mais un peu comme si on faisait de la situation (expulsions, racisme d'État) quelque chose d'absolu, de référencé à de l'ancien, à de l'ancien de plus en plus vague, à de l'ancien qui n'est finalement plus identifiable à force de l'être trop, c'est un peu comme si on sacralisait le danger, comme si on en faisait un bloc indivisible et non interprétable, un mythe, une fiction, donc. Attention, fiction, attention, mythe. Se taire : attention, danger.

On reçoit violence de ce silence. La plus grande des violences : la participation à ce qui nous fait horreur, la participation par l'acceptation de la peur à ce qui nous fait horreur. Le sentiment d'être, par le silence auquel nous obéissons pour des raisons de prudence, complices de ce qui nous fait horreur. Oui, V. est vraiment en danger : danger de retourner en centre de rétention et de n'être cette fois pas en mesure d'éviter l'expulsion par un vice de procédure. Un moindre mal que le silence ? Dans moindre mal, il y a *mal*.

Le racisme est-il le fait des catégories socioprofessionnelles les plus fragiles (racisme « de préjugés », irrationnel et irréfléchi, fait à la fois de la peur confuse de l'autre et alimentée par la peur vague de désastres sociaux que l'on sait parfaitement inspirer aux plus démunis) ou davantage le fait de l'institution, du gouvernement, des élites en un mot (qui s'en défendent) ?

Les élites jouent sur les pulsions primaires de chacun en organisant la politique que l'on sait. Racisme, donc, puisque des causes, certes diverses selon les époques, produisent les mêmes effets. Puisque ce sont les mêmes qui sont victimes d'exclusion. Mais *racisme* renvoie à l'idéologie de la supériorité d'une race sur une autre – idéologie qui, si elle fut celle de certains gouvernements, n'est pas celle de nos gouvernements contemporains.

La seule idéologie ici serait plutôt celle de la plus grande efficacité possible – mondialisation sauvage, exploitation des uns, nombreux, aux profits de quelques rares autres, idéologie du plus grand profit pour quelques-uns au détriment de tout ce qui fait la vie, la dignité des autres. Froide technicité d'exécutants efficaces et non pas tout à fait *racisme* au sens où nous l'avons déjà, dans l'Histoire, employé. (Le film *La Question humaine*, d'ailleurs, de Nicolas Klotz interrogeait peut-être cela.)

*Race* n'existe plus, les États ne sont plus *racistes*. La *nation* peut-être a remplacé le concept de race. Le racisme est puni par la loi. Pourtant : contrôles au faciès, fabrication de délinquance dans les banlieues, haine de l'islam, peur de la Turquie, rafles, murs, déplacements Sud-Nord rendus impossibles, multiplication de camps en Europe qu'on appelle pudiquement centres de rétention administrative. Le racisme n'a donc pas besoin de la notion de race pour s'imposer. On a substitué « nation » à « race » : c'est plus propre. Et il suffit de la fermer, la nation.

Sans doute la peur des nations est-elle à la hauteur de leur future et proche disparition, sans doute se ferme sur elle-même l'Europe au fur et à mesure que ses gouvernants perdent, par rapport au monde ouvert auquel ils participent et dont ils dépendent, la puissance et le pouvoir de décider. Sans doute la peur explique-t-elle, là encore, bien des choses.

Le racisme. Cette définition suffit presque : « Pensée excluante sur des critères apparents. » Oui, l'État est raciste, mais d'un racisme qui a peut-être laissé le premier fantasme (supériorité de « race ») pour d'autres fantasmes, encore à définir. Ou plutôt : l'État, nettoyé de toute pensée « raciste » se sert du racisme qui survit, le « racisme de base », racisme de préjugés, pour mener une politique d'exclusion des mêmes, toujours… Nous n'en avons pas fini.

Le premier des racismes, on pourrait y revenir : s'il est idéologiquement passé de « mode », il survit pourtant. Le discours de Sarkozy à Dakar, qui n'est pas bien sûr le simple discours d'un Sarkozy, mais l'émanation d'une pensée encore largement partagée ( ex. : les déclarations d'Hélène Carrère d'Encausse), le prouve.

À moins qu'il ne s'agisse ici d'une stratégie visant à continuer, en se donnant le socle de la pensée pour le faire, à piller ce que nous pouvons, de ce côté-ci de la planète, continuer à piller. Ce qui finalement revient au même, exactement au même.

Je vous laisse, vais tenter de dormir, vous embrasse.

*Marie*

*17 décembre*

Chère Marie Cosnay,

Bien sûr, Volodia est en danger.

Bien sûr qu'il risque l'expulsion. Entrer alors dans le silence. Comme pour effacer la trace de soi-même, entrer temporairement dans l'inexistence pour échapper aux lois absurdes censées régir ce qui existe, ce qui doit exister ; des lois promulguées par une majorité, légitimées, appliquées, écartant tout autre point de vue ne rentrant pas dans leurs cadres.

Bien sûr que Volodia est en danger.

Bien sûr que vous qui le cachez courez également un risque, vous, votre entourage, moi-même qui vous écris, qui partage votre secret, celui de Volodia, celui de la fuite vers l'inexistence de Volodia. Mais pour la loi, Volodia n'a pas le droit de se réfugier dans cette inexistence. Volodia n'a pas le droit de disparaître pour mieux survivre. Il n'a que ce droit de rester visible et d'être sous la loi : expulsable !

Garder silence ? Entrer dans la clandestinité. Clan-destin... Je me rends compte sous cette encre qui coule de la construction de ce mot. Dictionnaire pour vérifier. Un clan dont le destin serait de vivre hors du visible ? Recomposer le clan et sortir de la sphère de la société. Condamné à n'être que regroupements de personnages frustes et rebelles. Garder silence ? Accepter même temporairement cet état d'inexistence, de bannissement, de régression. Et quand on est dans le cas de Volodia, des parents ont été assassinés dans un pays que l'on ne reconnaît plus, double origine biffée, rayée – le père et la mère d'où le corps est sorti, la terre de naissance qui a modelé, structuré –, rajouter à cette perte le silence et la clandestinité, et absurde des absurdes, pour mériter d'exister, prouver la mort et l'assassinat de ceux qui ont donné naissance, le ventre de la mère et les bras du père...

Comment peut-on toujours sourire à des chiffres et féliciter Hortefeux d'avoir pratiquement atteint ses objectifs d'expulsion ? Seule la loi fait existence...

Bien sûr que Volodia est en danger, mais quand une loi est inique, ne faut-il pas la contester, la discuter, obliger à la changer ou à l'abroger ? Telle est la règle de la démocratie non ? Et quand ce débat n'est plus possible, quand la démocratie ne fonctionne plus, ne faut-il pas entrer en résistance ?

Je n'ose pas croire que la France est désormais dans cette situation. Ce qui se donne à comprendre ici, c'est que les lois actuelles concernant l'immigration, de par le respect aveugle aux conditions d'obtention des séjours, ne tient nullement compte de la situation individuelle de l'étranger ni de son parcours chaotique, ni de son arrivée en France. Ce qui se donne à comprendre, c'est que l'empathie pour l'autre, la compréhension du malheur de l'autre, base éthique des droits de l'homme, n'a plus cours.

Entrer en résistance oui, rester dans le silence. Taire l'acte de résistance mais dénoncer le scandale. Ne pas permettre l'identification de la main qui protège mais faire entendre la bouche qui parle. Sortir de l'identité pour être sans nom, l'anonyme qui dérange, qui réinterroge les lois. Sortir du visible pour justement démontrer l'inacceptable inexistence...

Mais je ne crois vraiment pas qu'on soit dans cette situation. N'y a-t-il pas en France des lieux où la parole peut se délivrer sans masque ? N'y a-t-il pas en France des lieux où le débat est possible ?

L'espace politique ? L'espace militant ? L'espace littéraire ? Là où nous sommes ?

Écrire est encore une grande liberté dans ce pays…

C'est peut-être pour cela que je suis si déraisonnable avec mon sommeil ? La peur de clore les yeux ?

Je vous embrasse.

*JLR*

*Le 18 décembre 2007*

Cher JLR,

*Sortir de l'identité pour être sans nom, l'anonyme qui dérange, qui réinterroge les lois. Sortir du visible pour justement démontrer l'inacceptable inexistence…*

Rendre à l'autre nom prénom parole et histoire – tout en respectant son droit au silence, au non-récit, à l'impossibilité de récit parce que le récit en passe par des schémas tout faits, parce que le récit, parce qu'il est récit, parfois résume, épingle, simplifie ce qu'il est, à certains moments de sa vie, insupportable de voir épinglé et simplifié.

« Parler pour l'autre » en acceptant que se taise l'autre, du moins le temps qu'il lui faudra.

C'est une question qui se pose chaque fois que quelqu'un, dans une situation de fragilité par rapport à la loi, l'institution ou même un autre individu, est amené à produire ce qu'il est. Ce qu'il est.

*N'y a-t-il pas en France des lieux où la parole peut se délivrer sans masque ? N'y a-t-il pas en France des lieux où le débat est possible ? L'espace politique ? L'espace militant ? L'espace littéraire ? Là où nous sommes ? Écrire est encore une grande liberté dans ce pays…*

Vous avez raison. C'est vrai que ces lieux, en France, sont multiples. Ce que nous faisons là en est une preuve, mais aussi tout l'accès à l'information, réseaux, blogs, littérature, absence de censure, ouverture, etc.

[Depuis, j'ai appris les mésaventures de ce journaliste (son nom ?) qui a fait une enquête de terrain sur les services secrets américains qui étaient selon lui au courant des attentats du 11 septembre. Le journaliste a vu entrer chez lui six policiers, fouiller devant femme et enfant l'appartement pendant de nombreuses heures, puis a été conduit en garde à vue où il a fini par céder et a dû, ce qu'il tenait à ne pas faire et qu'il a le droit de ne pas faire, donner ses sources. Liberté d'expression ?]

Mais supposons que nous ayons raison. La parole est libre. Et on peut prendre sans trop de souci les quelques mauvaises surprises qui parfois s'attachent à cette liberté. Dans les années 1970 (à vérifier, c'est je crois même plus tard), un ouvrage de Guattari sur l'homosexualité avait été interdit. On pense aussi, par exemple, et pour faire vite, à *Eden Eden Eden*. On n'imagine plus de choses semblables.

[Nuance : et si la censure s'avançait beaucoup plus masquée que lorsqu'elle empêchait une œuvre littéraire comme *Eden Eden Eden* ? Si elle était beaucoup plus hypocrite, recouvrant nuageusement des champs entiers de la pensée, muselant la presse officielle, les médias ?]

Pourtant. Si la liberté d'expression, nuances apportées, se porte plutôt bien, comment se fait-il que malgré ces véhicules de pensée « libre », comment se fait-il qu'une pensée « non raciste » ne soit pas largement plus diffusée ou, plutôt, largement mieux reçue ? Pourquoi entend-on, encore et toujours, des conversations qui hélas ne sont pas seulement des conversations de cafés de commerce – mais des fantasmes renouvelés et déplacés ? Des fantasmes de racisme fondé sur « la race » seraient devenus des fantasmes de racisme fondé sur « la différence culturelle », avec dans les deux cas la peur de l'autre, la peur fantasmatique de l'autre, la peur d'être avalé, noyé, envahi, détruit par l'autre ? Dans le deuxième cas, qui nous concerne au plus haut point et qui peut dater de la fin de la Seconde Guerre mondiale puis de la « décolonisation », l'antiracisme « obligé » se serait transformé en une crainte (formant nouveau racisme) devant le mélange des cultures (l'une serait détruite par l'autre, forcément invasive)…

Le résultat, de toute façon, c'est que ce sont les mêmes qui subissent les mêmes choses et que le racisme, qu'il soit culturaliste ou pas (le racisme culturaliste n'est pas nouveau : l'antisémitisme en était/est un, qui a duré de longs siècles avant de finir comme on sait), frappe toujours ceux qui, c'est si simple, se démarquent par n'importe quels « critères apparents ».

C'est si simple.

Comment faudrait-il faire, de quels outils faudrait-il s'emparer pour proposer une pensée qui vise son public aussi efficacement que la « pensée raciste » le fait ? « Pensée raciste » qui permet ou plus justement qui est permise par les politiques dont ici nous tentons de débattre.

Utiliser, dans la communication, tout ce qu'il est possible d'utiliser ? Simplifier la communication ? Pourtant je crois que tout le monde, base, masse, gens fatigués au soir, gens fatigués au matin, ouvriers, étudiants, tout le monde, tout le monde a droit, en ce qui concerne la réflexion et la communication, au meilleur. Je ne crois pas en une information ou en une communication simplifiée qui deviendrait « efficace ».

Ce qu'on est n'est pas simple. Ce qu'on est, on ne le tient pas dans une main, dans une phrase, dans une idée. « Ce qu'on est » est infiniment complexe. La pensée en général fait des détours. Jamais la pensée n'est simple. La simplifier, c'est la faire un peu mourir.

L'expression du racisme est une expression simple. L'expression du racisme part du principe simple (et faux) que l'on est qui l'on est. Que l'on sait qui l'on est. Que l'on veut rester qui l'on est. Que ce que l'on est peut être pensé en bloc, que c'est un tout, que c'est un tout simple et fermé, donné d'emblée. Que c'est là. Sur cette pensée simple (et fausse) : poser quelque pseudo-vernis scientifique (en d'autres temps, la théorie des races). Sur cette pensée simple et fausse : poser quelque vernis pseudo scientifique donc, et de temps à autre, transgressant l'interdit, « oser » l'agression, le slogan (« La France tu l'aimes ou tu la quittes », « La France aux Français », « Préférence nationale », « ministère de l'Immigration et de l'Identité nationale », etc.).

Le discours opposé, le discours antiraciste, de rigueur et de réflexion, n'est pas fondé sur une pensée simple. Il est tout simplement une pensée.

À force de simplification pour information, pour communication largement reçue, le risque est de fabriquer de la contre-pensée, on peut arriver à des inversions que l'histoire a connues.

En relisant ce que je viens d'écrire, je doute. Le racisme n'est peut-être pas fondé sur des idées simples. Ou plutôt l'idée d'identité, la fuite en avant dans le miroir que l'on est à soi-même, miroir toujours plus rétréci et peut-être toujours plus haineux, recherche empreinte du dégoût de soi-même, n'est pas vraiment une idée simple. Plutôt une angoisse mortelle et terrible : ce que nous sommes, *ce que je suis.* Avec, pour respirer, sans doute, des réponses collectives, simplistes celles-ci, offertes.

Les questions restent posées. Comment faire ? Comment faire avec l'information, comment faire avec la communication afin que ce que nous tentons ici soit entendu, et largement entendu ? Et que quelque chose en soit donc changé ?

Je vous embrasse,

*Marie*

*Le 20 décembre 2007*

Cher Jean Luc Raharimanana,

Un peu de fièvre peut-être, lectures en rapidité, des mots sans fin, mouvances épuisées, des mots usés. Besoin impossible de comprendre, de tout comprendre du début jusqu'à la fin – les peurs resserrées les pouvoirs ce qui bouge ce qui ne peut plus bouger.

J'ai pensé aux *Suppliantes* d'Euripide. J'avais envie de voir, avec la grammaire, le temps. L'avancée du temps, ce qui empêche (pas à pas, lettre à lettre) de mourir, ce qui empêche d'oublier de laisser filer, de perdre.

J'ai pensé aux *Suppliantes* parce que des mères y veulent le corps de leurs fils.

*Les Suppliantes* m'ont rassurée, j'ai respiré lentement, chaque fois le cœur semblait s'arrêter et la douleur à la nuque, puis invasive, là, les épaules, là, le dos et au-dessus, je ne sais plus où.

Les mots filaient dans la bouche de tout le monde, je pensais à tous les mots, les mots désordonnés, je pensais : parler à la place / ne pas parler / se taire / répondre.

J'étais saisie dans la panique des mots des idées et je voulais dénombrer exactement les paroles qui enveloppent je me perdais et le cœur avant que je ne fusse dans le cœur de la nuit le cœur déjà me frappait violemment.

Les mères en deuil doucement réclamaient, avec le juste Thésée, le corps de leurs enfants. Manquaient les mots unis aux mots dans l'ordre et la méthode – alors vite, les *Suppliantes*, les Mères qui supplient, syntaxe. Je voulais dire *je ne veux plus parler* mais je ne fais que ça, je ne veux plus écrire mais je ne fais que ça. Noyée, lectures en rapidité, mouvances. Les mots s'attachaient, se donnaient dans l'oralité, bouche à oreille, les mots, à voix basse, de l'un à l'autre des parlants, longuement, rires, défenses, argumentations, et s'entendait quelque chose dans le ciment entre eux, les mots, dans le temps qu'ils fabriquaient, réponses et questions, tentatives de questions, ébauches de réponses.

Si c'est dans le désir des mères pour le corps de leurs fils que je retrouvais le goût de faire des phrases...

*Marie*

*21 décembre*

Chère Marie,

Comme vous, mes mots, les mots que je trouve impuissants, cette impression de ne pouvoir jamais trouver les mots, les mots pour le dire, pour le dire le monde, pour le dire le monde en nous qui submerge, le monde bien là à l'intérieur, que l'on découvre stupéfait, l'innocence perdue, écrire écrire écrire jusqu'au vertige écrire jusqu'à ne plus comprendre et ne plus vouloir éteindre la raison.

Mais quelle raison mais quelle raison déjà anéantie de tant d'abîme, celle raison qui égare, préférer en rire souvent quand seule reste la conscience, conscience de la perte, stop, fin du voyage, toile sémantique où toutes les langues ricanent, sens et sons sans accords, les mots hors de toute construction.

En rire souvent pour un tombeau grinçant.

À Madagascar, j'étais enfant, j'aurais voulu apprendre le latin, le grec, je vous envie de lire *Les Suppliantes* et autres textes. On n'apprend ni le latin, ni le grec dans les écoles malgaches. Un rêve comme cela. Partir. Poursuivre tous ces mots d'avant la langue d'aujourd'hui, imposés, dits raisonnables, dits signifiants. Partir. Émigrer. J'aurais aussi voulu apprendre le tagalog et l'indonésien, le bantou, le swahili, l'arabe, autant de langues où la mienne, le malagasy, a pris vertige. Je suis seulement arrivé en France. Pris dans l'écriture. Pris dans les rets de la langue française, de mon rapport avec elle, l'histoire, la colonisation toujours là dans l'ombre sournoise, tous ces dictateurs aimés de l'Élysée, aimés et rappelant la douleur, la révolte de l'enfance, l'insurrection intérieure contre ces misères et indignités à nous réservées, la francophonie masquant la mémoire, tout est beau, tout est universel, les valeurs de la langue française, l'humanisme, la beauté, la pensée, les lumières… cette langue toujours présente, si présente au point d'oublier l'errance voulue dans toutes les langues. Pas eu assez de courage pour m'anéantir encore dans d'autres sens. Nous avons ce livre où l'on doit discuter d'identité, d'immigration...

souvent pathos.
souvent militantisme.
souvent lutte.
souvent illusion.
fierté, orgueil…
souvent, etc..

Un rêve juste comme cela, poursuivre les mots, les ayant cru enracinés sur des territoires. Sur ces territoires, j'étais parti, la France la plus proche, non pas pour les rêves d'Occident, non, juste pour les mots qui ont hanté, je suis toujours ici, échoué.

devant dire pourquoi.

devant justifier pourquoi.

devant choisir. nation. identité. langue.

Et produire des papiers et accepter les contrôles. écrire ce livre pour partage.

me reviennent en pensée les vers de Sony. Sony Labou Tansi.

*J'ai fouetté*
*Tous les mots*
*À cause de leur silence.*

Les mots meurent du présent qui les tord à sa réalité. Du passé ne retiennent que l'éphémère d'un temps qui n'est plus. Reste le silence. Reste la bouche qui se refuse à ne prononcer que les âmes mortes, des mots qui pour survivre nous emplissent, acceptent de se corrompre, pour un temps seulement, de se trahir, le temps d'une vie humaine, d'une génération, les mots en bouche qui nous circonscrivent à notre espérance de vie, je comprends cette peur, la nuit, le sommeil, la raison éteinte au bout de la conscience, mais je ne suis pas femme, hélas, je vous envie, femme qui a ce pouvoir (cette illusion ?) de recommencer un monde avec les corps de vos fils, *si c'est dans le désir des mères pour le corps de leurs fils que je retrouvais le goût de faire des phrases…*

Je me donne
enfant des mensonges pour être au plus près des mots.

*1^er^ janvier 2008*

Cher JLR,

Qu'est-ce que le sentiment d'appartenance ? Il est, quand il n'est pas trop névrotique, un sentiment *pluriel* d'appartenance. Mais même pluriel, existerait-il sans les frontières, sans les notions de dedans-dehors ? Quant il est question de *patrie*, de nation, je crois que nous répondons facilement. En tout cas pour moi il est facile (trop facile peut-être) de répondre que je ne me sens pas une identité fermée sur un lieu et que je ne crois pas chercher une protection de cet ordre. Mais quels sont les ordres de protection ? Je suis peut-être un peu sûre de moi. Existerait-il, le sentiment de protection, patrie, toit, existerait-il s'il n'y avait des dehors hostiles, la faim, la soif, les vents, les airs sauvages, les neiges et les sommets ?

Existerait-il, le droit à la protection sociale, s'il n'existait des lieux où des personnes en sont privées, faute d'appartenir ?

Je pense au passage du chœur dans l'*Antigone* de Sophocle, où il est question, pour le dire vite, de définir la nature humaine :

*Beaucoup de choses effroyables et rien*
*n'est plus effroyable que l'homme,*
*cette chose qui court au-delà de la mer*
*grise sous le vent de l'hiver,*
*et qui par les vagues montant*
*des abysses, passe. Et la plus haute*
*des déesses, la Terre,*
*l'impérissable, l'infatigable, il l'épuise,*
*de ses charrues la sillonne année après année*
*avec la race des chevaux.*

*Et la famille des oiseaux,*
*penseurs légers, il les prend,*
*et les tribus de bêtes sauvages*
*et l'espèce qui vit dans l'eau de la mer,*
*dans ses enroulements de filets,*
*l'homme expert, il les prend. Il maîtrise*

*avec ses inventions la bête*
*sauvage qui va par la montagne, et le cheval*
*au cou velu il le mettra sous le joug qui enserre,*
*et le taureau infatigable de la montagne.*

Le racisme théorique se réfère à des « universaux anthropologiques[3] ». Parmi ces universaux, des notions, des systèmes et des mythes : la « race », l'« évolution », l'« agressivité humaine ». Ces universaux prennent corps dans d'autres universaux. Un exemple : l'endogamie comme condition et norme de tout groupe humain. Le racisme interrogerait la différence entre humanité et animalité. *Quel est l'homme ? Le propre de l'homme ?* Interrogerait l'espèce, en posant des réponses fermées.

*Quel est l'homme ?* Chez Sophocle, l'homme n'est pas désigné par un terme générique. Il ne semble appartenir ni à une race, ni à une tribu, ni à une famille… Les oiseaux, les bêtes, les poissons, on sait à quelle race ils appartiennent. On sait où ils vivent. Mais l'homme, lui qui « prend » les bêtes et les domine, lui qui est au centre de cette abondance d'animaux annoncés comme autant d'« espèces » définies par une qualité ou un lieu de vie, on ne sait rien. De *touto*, cette « chose » indéfinissable, il devient *anêr periphradês*, un homme très habile, expert. Sa nature est trouble. L'homme, dont la nature échappe, est expert et maîtrise les autres natures.

*Fort de toutes les issues, sur rien de ce qui sera*
*il ne vient sans issue. À la mort seule*
*il ne trouvera pas une échappatoire ; pour*
*les maladies sans remède il a conçu*
*des échappées.*

La mort seule est le terme. La question de la mort est mêlée à la question de l'espèce humaine. Le « savoir la mort », le « choisir la mort », distingue sans doute hommes et bêtes, donne un

3. Voir *Race, nation, classe, les identités ambiguës*, Étienne Balibar, La Différence, 1988.

embryon de réponse à la question de l'espèce. La mort est ce qui nous dépose tous *hors protection*, tous, tous les hommes, toutes les bêtes.

On a vu le racisme « fondé en pensée » interroger la peur et la question de la séparation de l'espèce entre animalité et humanité. Il semble que cette question du début et de la fin de l'espèce en masque une autre, qui rend toutes les autres caduques et qu'on ne veut pas affronter : la fin-fuite qu'est la mort, qui anéantit toutes les techniques et tous les systèmes de protection.

Il est courageux de ne pas définir l'*homme*, de ne pas faire miroir de soi à soi-même, de ne pas chercher une origine, une essence. Le racisme idéologique va affirmer et sur-affirmer la différence entre l'animalité et l'humanité. Va trouver des fondements mythiques, légendaires, fantasmés à cette pensée de la différence. Chez Sophocle, la question de la mort rend caduque l'autre question, la question de l'espèce, humaine et/ou animale, la scission sans cesse cherchée entre les deux et trouvée de manière névrotique dans l'hystérisation de l'identité, d'un groupe, d'un petit groupe, originaire, fondant race, nation, etc.

Chez Sophocle, ce qui sépare la chose experte de l'espèce qui vit dans les eaux, les montagnes ou les airs, c'est simplement le savoir qu'elle va mourir. Accompagné du pouvoir, à l'occasion, d'échapper à la mort en la choisissant.

Nos cités sont plus ou moins bien réglées ; elles restent à faire, à imaginer. Cités en proie à la passion, à la colère. Perfectibles. Connaître la mort est le moyen d'être et de rester à sa place : ni autant ni si peu, ni miroir d'un soi-même originaire, ni bête sauvage en proie aux vents des montagnes et à la pluie. Ni cynique.

Je n'oublie pas que cet optimisme-là est rattaché à ce qu'on voit (ou ne voit pas) dans la pièce de Sophocle : le corps, le corps proie et mort et vide, cadavre de Polynice, corps pourrissant. Corps-limite. La mort seule, au-delà de quoi on ne peut pas aller. Comment parler de cela ? Comment dans nos cités de vent poser cette question de mort ? Comment par les lois régler la question irréglable ?

POLYNICE : *Demande-moi tout. Ne laisse rien en l'air.*
*Tout ce que tu veux, mère, m'est précieux.*

JOCASTE : *Je vais te demander d'abord ce que j'ai besoin de comprendre.*
*Être privé de sa patrie, c'est un grand mal ?*

POLYNICE : *Très grand. Dans l'acte plus que dans le mot.*

JOCASTE : *Quelle est la manière de ce mal ? Qu'est ce qui est pénible pour l'exilé ?*

POLYNICE : *Le plus pénible, c'est de ne pas avoir la parole.*

JOCASTE : *Tu parles d'un esclave : ne pas dire ce qu'on pense !*

POLYNICE : *Il faut supporter la bêtise de ceux qui ont le pouvoir.*

JOCASTE : *Et ce chagrin : savoir au milieu de ceux qui ne savent pas !*

POLYNICE : *Pour obtenir quelque chose, c'est contre nature mais il faut se faire esclave.*

JOCASTE : *Les espérances nourrissent les exilés, c'est ce qu'on dit.*

Je vous embrasse,
*Marie*

*2 janvier.*

Aujourd'hui, j'ai un peu de mal. Trente-cinq morts brûlés vifs dans une église au Kenya. Des images de gens qui courent. Des machettes. De la cendre. Fais semblant de ne rien comprendre. N'ai lu que les titres des journaux. Zappé. Zappé. Aurais voulu n'avoir rien à lire, n'avoir rien à voir. Rester dans le grotesque des fêtes et l'émotion quand même, émotion de l'année qui vient, l'espérance toujours renouvelée. L'envie de croire. Mais flambée de violence. Affrontements ethniques – les mêmes termes faciles, si faciles. Élections truquées pourtant. En parlent-ils, ceux qui sont si rapides à ressortir les poncifs sur l'Afrique ? Comme si toute agitation sur ce continent n'est qu'ethnique.

Émeutes.

Le décompte macabre.

Les images de nègre en sang. Insupportable. Le Rwanda en tête. Mais cela ne fait rien. Ils sont comme ça. Un président qui s'accroche à son dérisoire pouvoir. À soixante-seize ans.

Kenya. Kenya.

Kilimandjaro. Safari. Lion. Masaï. Le bon touriste avec son appareil photo. Le sang n'entrait pas dans le décor. Le sang humain. La violence. Celle humaine. Nos frontières, nos réalités qui débordent de ces paysages. Par le sang.

Vous ai-je dit que nous existons ?

Hors de l'imaginaire.

Quand nos dirigeants font croire que le tourisme est source d'investissement, de progrès, d'ouverture, ne les croyez pas, ils veulent nous emprisonner dans nos frontières, frontières de l'imaginaire, frontières de la fiction. Ainsi asseoir leur corruption. Paravent. Carte postale. Nos pays bien trop beaux, toujours trop exotiques, territoires de vos fantasmes et de vos rêves (je dis vous, je vous dis vous, j'ai honte de ce vous qui vous gomme vous être unique et qui vous bascule dans une foule censée vous appartenant, je me dis nous, honte de ce nous accusateur et qui vous exclut, qui m'éloigne de vous, me versant parmi d'autres gens censés me ressembler, victimes), nos pays à découvrir encore, explorer, visiter, nos pays ravagés pourtant, l'exploitation sauvage, feux de brousse, la déforestation, la pollution, les plastiques qui partout se posent et se déposent, un autre ciel, des couleurs différentes.

*Comme vous le savez, on est en train de dépeupler les mers africaines. Les ressources halieutiques sont véritablement saccagées, la désertification avance, les forêts tropicales et équatoriales sont en voie de sous-développement. La Côte d'Ivoire a perdu les deux tiers de sa forêt au cours du* XX*e* *siècle. Comment voulez-vous qu'on n'avance pas vers le désert ? Un autre aspect de la destruction environnementale, ce sont les déchets toxiques que des entreprises du Nord ont transférés en Afrique, avec parfois la complicité de nos dirigeants. Tel chef d'État a été accusé d'avoir concédé des espaces de son pays pour enfouir des déchets dont il ne connaissait sans doute même pas la nature et la toxicité.* Joseph Ki-Zerbo, *À quand l'Afrique ?* Éditions de l'Aube, 2003.

Kenya. Le rêve aux enchères. Vos fantasmes dans des réserves et des aires protégées, découverte d'un autre pays, d'une autre réalité, d'autres êtres qui ne seraient pas vous, meilleurs que vous, le paradis perdu, ce que vous auriez pu devenir, pire que vous, le barbare qui vous rassurerait quant à votre extrême humanité.

Je vous dis vous, vous qui n'êtes pas ce vous, ma rage de devoir représenter une cause et de découper le monde de cette manière.

Je vous dis vous, il ne vous désigne pas. Je ne sais pas qui est ce vous contre lequel je deviens autre, l'étranger, le barbare, un découpage absurde qui empêche de nommer autrement.

J'ai vu sur Yahoo des images des élections kenyanes, deux Masaï dans leurs habits somptueux. Devant l'urne. Ces nègres habillés, si bien habillés. Quelle belle image ! Ces hommes si dignes, si grands, si minces, vivant en symbiose avec la montagne et les bêtes féroces, accomplissant leur devoir démocratique... Quel symbole ! Il n'y a que ça au Kenya bien sûr… Des Masaï vivant au pied du mont Kilimandjaro ! Mais voilà… un président qui n'arrive plus à contenir les frontières de la fiction. Fictif pays. En implosion. Des êtres de sang et de chair y habitaient donc...

Ce n'est pas la réalité qui nous isole du monde, mais la fiction sur nous plaquée, l'impossibilité de contredire ces fantasmes malgré nos cris et dénégations – *Nommer tout – Tout nommer, nommer jusqu'à ce que la gueule démissionne* (Sony Labou Tansi, *Correspondances*). Jusqu'à ce que la gueule explose.

*Tu veux ? Nommer le monde*
*Avec moi Remplir chaque*
*Chose de la douce aventure*
*De nommer – Tu veux – Les*
*Suffoquer Les ensoleiller*
*Dans le tic-tac des mondes*
*Les aveugler d'une charnelle intensité*
*Phonétique Et pour qu'à ma mort*
*Aucun seul de tes mots ne m'oublie*
*Tu veux ? Faire et défaire la chair*
*Dans la morsure du langage*
*Tu veux ? Qu'on ne parle plus qu'avec*
*Des mots cassés – Et cassés à quel point José – Parce*
*Qu'après tout, il faut que moi j'écrive.*

Mais voilà... Langue arrachée, nous sommes effectivement devenus barbares, dans l'incapacité de nommer, saccageant tout face au néant de notre vie, bafouillant un discours mâché, accusateur, purificateur. Les élections présidentielles – démocratie les nomme-t-on –, deviennent ainsi des moments de violence inouïe où tous les actes sont permis : Côte d'Ivoire, Madagascar, Togo, Congo-Brazaville, Guinée, Centrafrique… Dans ces pays, pendant ce laps de temps ouvert au choix et à la contestation – choix du peuple nous le présente-on –, les candidats – opposants comme présidents sortants – ont tous commis des crimes mémorables.

*Élections folkloriques et bal masqué. La danse loufoque des candidats candides. […] Campagne bleuie de pièges, avec une entrée raflangueusement enjolivée de fleurs. Serrure inassouvie au concert des promesses. Épices démocratiques aux brûlures de la clé. Un symbolisme coûteux assaisonné de vents. Un babel d'utopies.*

*Fureur démagogique sous le poids des mensonges aux couleurs des ordures. Tant de ruines essentielles et de déchets poétiques dans le chaos des corps. La langue en pourriture. La colère des chevaux étourdis de rage rouge et soûlés de délire.* Frankétienne, *La Méduse orpheline*, Vents d'ailleurs.

Certains pays disparaissent même : le Zaïre. Effacé. Innommé. Oublié. Congo-démocratique comme on le désigne aujourd'hui, démocratique, le mot est savoureux… Le Rwanda quant à lui n'est plus que l'ombre de lui-même. Génocidé après l'explosion en vol de l'avion présidentiel. *En attendant le vote des bêtes sauvages*, nous dit Ahmadou Kourouma. En attendant les élections plus exactement. Ce *vote des bêtes sauvages* n'est pas dans un temps futur, lointain, ce n'est pas un titre prophétique, c'est un titre réaliste, en attendant *les prochaines élections*, veut-il dire. Et le temps des élections passé, les émeutes, les massacres, les contestations réprimées, une *bête sauvage* mise au pouvoir, titré *Président de la République* – démocratiquement, reconnu par la communauté internationale – on repasse à la carte postale. Le silence des émeutes équivaut-il à la résolution des problèmes ? Combien de fois n'ai-je pas eu ces remarques étonnées : « Ah bon ! Je croyais qu'à Madagascar la situation est redevenue normale, votre nouveau président, il est bien, non ? » Se retrouver encore face à la fiction. Expliquer. Nommer. Dénoncer. Partir…

Est-ce réellement la pauvreté qui nous pousse hors de nos frontières ou l'impossibilité de dire ce que nous sommes exactement ? L'impossibilité de nous créer dans nos propres pays, l'impossibilité d'y accomplir nos propres identités, l'impossibilité de nous prendre véritablement en charge. Nous, pris dans la langue de nos *bienfaiteurs*, nous trop en retard paraît-il, *pas assez entrés dans l'histoire*, pris dans la langue des « programmes d'ajustement structurel », « aides de la Banque mondiale », « investissements des bailleurs de fonds » et « interventions des ONG », la « bonne gouvernance » et la « lutte contre la corruption et la pauvreté », « lutte contre le terrorisme » et le « respect de la démocratie », « combat pour un développement rapide et durable ». Autant de formules pour un pays qui n'existe pas, un pays à venir, le pays du progrès, *le-pays-de-quand-nous serions-bien-développés* (avant, on parlait du pays de l'an 2000. Las, nous sommes en 2008…), un pays qui répond parfaitement aux *desiderata* de l'Occident, c'est-à-dire à lui soumis.

*Dès qu'on parle d'ajustement structurel, on doit poser les questions : ajuster à quoi ? pour qui ? Les vraies structures qui décident de notre sort, ce n'est pas le fait que notre budget soit en déséquilibre de quelques points. Ce sont par exemple les prix des matières premières. On nous incite, comme je viens de le dire, à produire du coton pour gagner des dollars. Toutefois, le problème, c'est que tout au long de la filière du coton, les circuits de production, de distribution et de fixation de prix vous échappent. Personne ne parle de toucher à la structure qui fixe le prix du coton, du cacao ou du café : elle est intouchable. Ce n'est pas une variable de notre marché à nous. C'est une donnée.*

*Si vous n'avez pas suffisamment de dollars à partir du coton, comment allez-vous acheter le riz qui vous est nécessaire pour survivre et qui est payable en dollars ? Vous voyez, nous sommes pris dans des structures qui nous échappent. Quand on parle de programmes d'ajustement structurel, les structures véritables du capitalisme sont hors de contestation. Et d'ailleurs, ils ne dépendent pas de l'initiative autonome des Africains. Quand je siégeais à l'Assemblée nationale de mon pays, on nous avait soumis un projet de loi sur les privatisations accompagné d'une note du gouvernement disant : « Si vous ne votez pas cette loi, nous n'aurons pas le crédit que nous attendons de telle institution financière. » C'était comme pour dire : votez ou crevez… L'ajustement, c'est pour les pauvres, les pays riches, eux, peuvent subventionner leur agriculture.* Joseph Ki-Zerbo, *idem*.

*Tout nommer*, oui, *tout nommer jusqu'à ce que la gueule démissionne…*

Savoir précisément que hors du verbe ne sont que chaos, massacre et perdition.

C'est cela la différence. Ici, en Occident, la mort du verbe est occultée par les slogans, les pubs et toutes ces belles choses de la vie quotidienne. On peut vivre hors du verbe en avalant tous ces programmes stupides de la télé, on peut vivre hors du verbe dans le virtuel des jeux, des forums de discussion où l'on se pavane, orgueilleux de son intelligence, de sa pertinence et impertinence, dans la vanité du travail et de la réussite, dans l'or, dans l'apparat, prendre rêve et personnalité parmi les stars, ou hommes ou femmes médiatiques, autres intellectuels habiles au discours. On ne nomme plus, on se fond dans une langue déjà faite qui rassure, flatte, fait passer le temps, fait oublier la mort, masque la déchéance.

Exactement ce qu'il faut à beaucoup d'entre nous, vivre dans l'*insouciance*, la mort de la pensée et les interrogations perpétuelles. Car c'est le propre de la misère, cette confrontation perpétuelle avec la mort, la pensée qui cavale, l'enfer du délire, l'interrogation sur la destinée humaine, la petitesse et l'insignifiance de cette vie, ce ressenti dans la chair, la peur du dernier souffle…

Il faut alors partir. Là où l'on oublie le plus l'inéluctabilité de cette mort. Quitte à tout défier ! La traversée des mers et des déserts. Les balles des gardes-frontières. La clandestinité. Et le rabaissement de soi dans les demandes de visa, de travail, dans les efforts d'intégration, ou même d'assimilation – se perdre tout entier et prendre nouvelle peau…

*Quel est l'homme, le propre de l'homme ? dites-vous.*

*L'être qui nomme et qui s'aperçoit que son verbe le recrée ? L'être qui ne peut plus s'arrêter de parler, de s'enferrer dans son langage, de s'y perdre et d'y tisser la toile qui l'emprisonnera ? Lui, obligé de saccager son univers, de reprendre tout à zéro, de renommer encore et encore ? À l'infini ? Jusqu'à l'absurde ?*

*Je suis l'autre, l'étranger qui contredit la belle affaire de l'humanité.*

## Samira Negrouche & Nicole Caligaris

## Samira Negrouche

Poète, écrivain francophone née à Alger, Samira Negrouche est l'auteure de plusieurs recueils de poésie dont *L'opéra cosmique* (2003), *Iridienne* (2005) ou *Cabinet secret* (2007). Elle est également traductrice de poésie arabe et médecin. Son prochain livre *Le dernier diabolo* sera publié début 2009 aux Éditions Chèvre feuille étoilé.

## Nicole Caligaris

Née en 1959, en France, vit à Paris. Derniers titres parus : *L'Os du doute* (Verticales, 2006), *Medium is mess* (Inventaire/Invention, 2007), *Okosténie* (Verticales, 2008), *Les Hommes signes* (Abstème & Bobance, 2008), site personnel : pointn.free.fr.

**De** : samira_negrouche
**Objet** : RE : Fwd : un contact
**Date** : 7 novembre 2007 00:54:17 GMT+01:00
**À** : caligaris

Chère Nicole Caligaris,

Bien que je me sois un peu intéressée aux questions de l'immigration en France, je ne pense pas en être informée de façon assez juste ni même avoir le recul nécessaire à la réflexion.

Voyez-vous, je vis dans un pays où la grande injustice vous entoure à chaque coin de rue, les gens essayent de s'en sortir à tout prix; à la limite, la pire insulte est celle qu'ils subissent chez eux, ils sont capables d'accepter l'inacceptable ailleurs dans l'espoir d'une hypothétique dignité future.

Alors! la politique de l'immigration en France, au Canada ou ailleurs… le problème est avant tout chez nous.

[…]

**De** : caligaris
**Objet** : Rép : RE : Fwd : un contact
**Date** : 7 novembre 2007 20:05:20 GMT+01:00
**À** : samira_negrouche

Bonsoir,

Je regrette beaucoup que vous ne puissiez pas participer à ces échanges, je trouve dans votre réponse bien des remarques qui suscitent mon intérêt :

la pire
insulte est celle qu'ils subissent chez eux, ils sont
capables d'accepter l'inacceptable ailleurs dans
l'espoir d'une hypothétique dignité future.

Vous placez l'exil en rapport avec l'humiliation subie, aspect complètement occulté ici par le mobile économique, et je vous assure que ce terme de « dignité » que vous employez fait son effet aux oreilles de la Française que je suis, baignée dans un vocabulaire politique et journalistique d'une tout autre teneur*. C'est exactement ce que nous espérons de ces correspondances : que le lexique des uns vienne questionner celui des autres.

* Par exemple, je lis aujourd'hui dans deux toutes petites brèves que, pendant que les parlementaires européens s'apprêtent à voter une loi allongeant la durée légale de rétention d'un étranger sans titre de séjour jusqu'à dix-huit mois (!), un responsable du gouvernement roumain envisage d'acheter à l'Égypte une parcelle de désert pour y « mettre, dit-il en direct à la télévision, tous ceux qui nuisent à notre image » (= les Roms).

**De** : samira_negrouche
**Objet** : Rép : RE : Fwd : un contact
**Date** : 8 novembre 2007 20:58:42 GMT+01:00
**À** : caligaris

Bonsoir Nicole,

À vous lire, j'aurais honte de ne pas reconsidérer la question, je sens qu'il faut aller au-delà de mes « raisons ».

Je tenterai de correspondre avec l'auteur de votre choix dès le début du mois de décembre si cela vous convient.

[...]

Les Roumains veulent donc être plus royalistes que le roi en donnant des gages d'inflexibilité envers les races inférieures ! Classique.

Vous seriez étonnée de voir de quelle façon sont traités les Noirs africains et plus récemment les Asiatiques en Algérie... une pure ignominie, la misère et le manque de considération appellent à cette haine.

----- Original Message -----
From : Nicole Caligaris
To : samira_negrouche
Sent : Tuesday, December 04, 2007 1:29 AM
Subject : correspondance

Chère Samira,

C'est le jour de la visite de notre président au vôtre : grands fifrelins médiatiques, chez nous, pour accompagner l'éminent cortège des patrons en costard. Je vois dans ce cortège du business l'hallucinante concordance des illusions : d'un côté la farce puante du « lobby juif » est lancée aux médias pour signifier la compromission du chef de l'État français avec les milieux d'affaires, symétriquement, pour sa première visite dans un pays qui partage avec la France une histoire proche et douloureuse, le chef de l'État français se fait accompagner d'hommes d'affaires. Stupéfiante naïveté de ces dirigeants qui imaginent pouvoir jouer sur une table rase.

Le mépris des hommes se double d'une foi dans la représentation. Il ne s'agit pas de parler, aucune vertu n'est prêtée au texte, aucune pensée n'est attribuée à la construction d'un propos, il s'agit de montrer. Prendre la parole est une action suffisamment représentative pour la dispenser de tout contenu. Voilà comment Nicolas Sarkozy a tenu à Dakar un discours d'une bêtise confondante et voilà comment les étrangers sans titre de séjour sont pensés en objectifs chiffrés donnés par le ministère aux préfets : les expulsés sont eux-mêmes le message, c'est le nombre des échecs qui doit dissuader leurs successeurs.

Les conséquences sont immédiates sur l'idée que l'on se fait des libertés dans un État républicain comme le nôtre.

Voici ce que m'écrit Sonia Chiambretto, l'une des auteurs de notre recueil de correspondances :

*Jeudi alors que j'étais sur le quai pour prendre le train Paris-Tours, j'ai été témoin d'une rafle dans le train à quai et pas une petite rafle ! J'y pense sans cesse depuis.*

Ces saloperies de contrôles massifs pratiqués au faciès sont devenus quotidiens à Paris. Des associations réagissent comme elles peuvent mais ça ne change pas grand-chose au fait que des personnes sont arrêtées par la police pour n'avoir pas le bon papier dans leur portefeuille et pour cette raison seulement. Et que des bébés soient laissés dans la nature après la saisie des parents n'inquiète en rien les forces de l'ordre. La majorité des citoyens français ne se scandalise pas très activement de ce qui devrait, qui aurait depuis longtemps dû faire bondir.

L'État français rend la vie de milliers de gens impossible en les maintenant dans une clandestinité qui les place à la merci des pires trafiquants de boulot, de logement, plus largement, qui les place à la merci des profiteurs occasionnels de cette survie en marge : médecins, avocats qui font payer des fortunes un service. Et tout ça passe, la conscience sauve, dans la complexité du dispositif qui tantôt accepte tantôt rejette les dossiers, avec la conviction sous-jacente qu'immigrer en France est une faute quand on n'en a pas obtenu la permission.

Et je reviens à Saint-John Perse, qui souffle sur la bibliothèque un sacré courant d'air : « S'en aller, s'en aller, parole de vivant ! » (*Vents*)

Je suis frappée de ce que tu me dis de l'Algérie. Je vois que les horizons y échouent à s'ouvrir, que les espoirs s'y réduisent, je vois un pays très sombre, dans ce que tu en dis, et je vois aussi, dans ton énergie, ta façon d'en parler frontalement, une force de caractère qui est une leçon.

Je me demande ce qui fait rester quelqu'un, ce qui le fait partir. J'ai le sentiment que ce n'est pas seulement une décision personnelle, que c'est une forme de décision collective, qui s'inscrit dans un mouvement plus large que le moment d'une vie, dans une histoire. Parallèlement, j'ai le sentiment que les éléments rationnels, comme la nécessité économique, ne comptent pas exclusivement dans la décision de partir. Je vois cette décision comme une nécessité d'un ordre supérieur, que le petit raisonnement, que le petit rationnement politique ne pourra pas venir entraver.

Les gens capables de traverser l'enfer dans l'espoir de trouver un horizon à eux quelque part, il me semble que l'enjeu de leur voyage est le nôtre aussi, nous, sédentaires. Que des gens aient le culot de vouloir échapper aux conditions assignées par la vie à leur existence me rend personnellement possible un peu plus, élargit mon espace symbolique. Il me semble que les sédentaires se trouvent vivifiés du voyage des migrants. De leur fringale de réussir ici. De l'intensité perplexe de leur regard. Et aussi de leurs forces conflictuelles. Ces mouvements d'hommes font partie des lois de la planète, ils doivent être pensés dans ces termes, comme des lois aussi inéluctables que celles qui déterminent les climats et, sur ce point, notre pensée politique régresse. Ceux qui partent faire leur vie ailleurs que là où ils sont nés, pour un moment ou pour de bon, sont le lien vif entre des centres que tout porte à l'ignorance les uns des autres, aux superficielles, aux schématiques images.

Et je reviens à Saint-John Perse, pour deux lignes énigmatiques du « Poème à l'étrangère », (*Exil*) écrit aux États-Unis, en 1942, pendant l'occupation de la France par l'Allemagne nazie.

*Or voici bien, à votre porte, laissés pour compte à l'Étrangère,*
*ces deux rails, ces deux rails — d'où venus ? — qui n'ont pas dit leur dernier mot.*

J'aime cette musique à trois temps, cette musique d'avant Steve Reich, répétitive, chemin de fer, galop. Je trouve juste l'idée du compte, l'idée biblique du compte à rendre pour chaque talent déposé dans une paume protectrice ou supposée telle. Je vois ce compte comme celui de l'avenir.

Une autre loi que rien ne semble pouvoir changer, c'est celle qui fait naître le pire de la bêtise. Le pire est déjà en mer, dans les barques qui se retournent et qui, pour quelques milliers de morts, ne changent rien à la politique de fermeture des frontières, comme si les deux phénomènes n'avaient aucune espèce de relation. Nous sommes dans la bêtise jusqu'au cou, et nous nous enfonçons, les gens maintenant se jettent par la fenêtre à l'approche des képis, cela ne change strictement rien à la politique des expulsions menée par objectifs, comme si ces deux phénomènes étaient sans aucune espèce de rapport.

*ces deux rails – d'où venus ?* – Je trouve extraordinaire la question de la provenance irrésolue, jamais résolue parce que transformée, parce que oubliée dans le voyage, et c'est toute la vitalité du migrant que de métamorphoser, de son propre chef, son origine, que d'en faire un espace flottant, que de s'en rendre, d'une certaine manière, l'auteur.

*qui n'ont pas dit leur dernier mot.*

Par-dessus tout, je trouve toute la force du franchissement des entraves dans ce dernier mot laissé à demain.

Peut-être pas exactement à demain mais à bientôt : j'ai hâte de connaître ton point de vue, de voir la tournure que tu vas donner à tout ça, sens-toi bien libre de partir là où est ton intérêt et d'ignorer le reste.

Amitiés

*Nicole*

**From :** Nicole Caligaris
**To :** samira_negrouche
**Sent :** Tuesday, December 11, 2007 12:07 PM
**Subject :** pensée

Salut chère Samira,

Avant de prendre mon avion, j'entends la nouvelle de cet effroyable attentat à Alger. Je suis effondrée de ce retour à la terreur ouverte.

Je pense bien à toi, j'espère que tu n'as pas eu le malheur d'être touchée, ni tes proches il doit y avoir une terrible angoisse chez vous.

Toute mon amitié

*Nicole*

**From** : samira_negrouche
**Objet** : Rép : pensée
**Date** : 11 décembre 2007 12:12:15 GMT+01:00
**À** : caligaris

Bonjour Nicole,

Effectivement, c'est beaucoup d'angoisse, on essaye de se joindre les uns les autres, les lignes de portables sont brouillées, on attend et on se dit que les victimes seront malheureusement vite oubliées.

[...]

Bon voyage et à très bientôt.

S

**De** : caligaris
**Objet** :
**Date** : 19 décembre 2007 15:15:21 GMT+01:00
**À** : samira_negrouche

Bonjour chère Samira,

Me voici de retour à Paris d'où je ne bouge plus.

Comment vas-tu ?

Je remarque que la presse française ne parle plus du tout des attentats d'Alger, quelques analyses à chaud mais depuis, plus rien.

D'après ton dernier courrier, c'est peut-être bien le même silence chez vous. Je me demande quelle est l'atmosphère à Alger.

[...]

À bientôt pour notre correspondance.

Je t'embrasse

*Nicole*

**De** : samira_negrouche
**Objet** : Rép : des nouvelles
**Date** : 25 décembre 2007 12:47:28 GMT+01:00
**À** : caligaris

Ma chère Nicole,

Je suis désolée de t'avoir inquiétée, j'ai dû effectivement me déplacer pour des obligations familiales de dernière minute mais ce n'est pas tout; en fait, beaucoup trop d'événements sont survenus en peu de temps. Après le choc et les insomnies, il a fallu digérer tout ça et se réveiller à nouveau au bruit de la rue.

[...]

L'atmosphère à Alger tente de revenir à la normalité, ce qui n'est pas du tout gagné, contrairement aux attentats du 11 avril où les Algérois ont tenté d'oublier dès le lendemain et de sortir dans les rues; cette fois, et sans jeux de mots, ils sont vraiment terrorisés.

[...] Je ne serais pas étonnée qu'ils décident de rester chez eux tous les 11 de tous les mois à venir.

Le matin de l'Aïd, j'ai quitté Alger très tôt, avant qu'ils ne sortent des mosquées, je ne voulais pas voir le sang couler dans les rues et rigoles de la ville, je trouve cela désastreux, à la campagne le rituel semblait bien plus naturel. En ville, un groupe d'artistes a essayé de faire appel pour que les gens allument des bougies à la pensée des morts du 11 décembre, à l'échelle d'une ville, ce n'était pas bien visible, mais nous l'avons fait.

[...]

Je t'embrasse

*Samira*

Le 25 déc. 07, à 12:39, samira negrouche a écrit :

Nicole,

Ils n'ont pas dit leur dernier mot, ceux qui dans la misère s'enchevêtrent et dans l'ignorance totale et méprisante de leurs dirigeants, ils n'ont pas dit leur dernier mot car l'horizon est plus fort que tout, l'être humain est un migrant perpétuel qui sait chercher l'herbe où elle se trouve, et la terre à défricher.

Sommes-nous condamnés à être d'un Sud qui ne donne aucun sens à nos vies ni à nos morts ?

Dans mon livre d'histoire de mes huit ou neuf ans, il y a cette fameuse photo de plusieurs hommes alignés, visages tournés vers un rideau de commerce baissé, bras croisés derrière le dos, manipulés énergiquement par des uniformes aux voix criantes, c'était pendant la guerre de libération, probablement pendant la fameuse grève de 1956 ; c'est à Paris, lors d'une magnifique soirée d'octobre 2006 que je revis cette même scène, ces mêmes silhouettes, dans le 11ᵉ, je chantais sur le trottoir d'en face au sortir d'un restaurant camerounais. Puis, le court-circuit, mon livre d'histoire à Paris, la ville des poètes contre la vie des hommes, contre mon Sud ?

Non, les livres d'histoire ne disent pas tout, mais la mémoire a une certaine capacité à venir de loin et à s'incruster dans le regard de nos aïeux puis de nos parents puis des nôtres sans que vraiment ne jaillissent les mots.

Ces regards-là, les mêmes que les miens, ceux de l'injustice et de la mer barbelée, ceux-là sont bien plus lourds que toutes les excuses des manigances politiques et des costumes de l'arrogance.

Je me pose encore la question de savoir si nous serons un jour indemnes des passions qui nous lient à ton pays, à ta langue. Comment parler du départ, du voyage et de l'immigration comme si je parlais d'une autre terre que la France, de ces visages qui malgré leur violente absence sont jumelés à nos visages et aux empreintes de notre terre ?

Vois-tu, je crois que la situation est plus grave que tout simplement une masse humaine qui se déplace dans l'espace d'une autre masse humaine, l'équilibre des migrations a été largement bouleversé, c'est la nature qui reprend son droit puisque les puissances mondiales ont décidé d'ignorer leurs pollutions multiples. Pauvre citadelle Europe qui se protège de l'envahisseur !

En cela, je pense que tu as raison de dire que partir devient comme une décision collective, une sorte de synergie, de désir d'aller au-delà de l'injustice établie et de bousculer la sonnette d'alarme. L'homme va peut-être au-delà de l'instinct de survie en agissant ainsi, son parcours est de l'ordre du testament.

L'exemple en est ce jeune homme de dix-neuf ans, croisé sur la nationale ouest qui relie Alger à Oran. Je ralentis puis m'arrête au niveau de son étal d'artisanat car, dès qu'il m'a aperçue, il s'est mis à rire, à chanter et à jouer du bendir. Après quelques idées échangées, il me raconte son travail puis les forêts brûlées, la corruption de l'artisanat des routes, le prix du café et de l'huile, son rêve de faire du théâtre alors qu'il n'a jamais mis les pieds dans un théâtre. Il dit qu'il a des économies pour payer un passeur, il dit qu'il a 95 % de chances de mourir et, sur les 5 % restants, 95 % de chances de se faire attraper et expulser, et que malgré tout il préfère la mort de la brise marine à celle de l'enfer cuisant de son quotidien et de sa poussière asphyxiante. Il dit qu'il n'ira pas en France, que la France ne nous aime pas, il dit qu'il ira en Italie ou en Espagne et qu'il marchera dans des forêts vivantes.

Ces êtres ne cherchent pas le pain, je crois qu'ils feraient la révolution si elle était à refaire, ils ne cherchent pas tout simplement à fréquenter les supermarchés et à acquérir du pouvoir d'achat, je pense qu'ils cherchent à oublier les injustices multiples qui n'en finissent pas de s'étaler dans le temps, je pense qu'ils cherchent de la dignité, ils veulent donner un sens à leur vie ou à leur mort, ils veulent être libres et anonymes dans leurs rêves.

Mes frères de toute l'Afrique ne viennent pas voler le pain de la bouche de l'Europe, ils viennent sauver ce qui reste de digne à sauver dans leur liberté d'exister et vous donneront le pain qui vous manque.

Combien de poètes ont rêvé de cette Méditerranée, terre d'accueil et de voyage, bassin qui du centre du monde s'étend jusqu'aux terres qui l'entourent, nous sommes les enfants dont cette mer a fabriqué les gènes. Nous sommes le même patrimoine de senteurs qui dépassent les passeports et les visas. Non, la Méditerranée ne sera pas le deuxième et le troisième rempart barbelé et électrifié à la face des libertés d'être et d'aller dans le vent, nos corps iront combler le bassin du dessèchement humanitaire, nous nous poserons les uns sur les autres et ferons la digue du regroupement génétique.

Par cela, je dis qu'il est dangereux de fermer la porte à tous ces testaments, de penser qu'on peut encore, à l'heure de l'Internet et des brassages culturels et communautaires en pays d'Occident, qu'on peut continuer à faire du commerce dans les pays de la faim, de la corruption, des dictatures et des pires injustices sans que cela ne creuse encore plus les déséquilibres et les sentiments de revanche. Le monde est un spectacle ouvert aux plus modestes des spectateurs et toutes les réactions sont à supposer.

Tu parles de ce sang, de cette énergie neuve qu'apportent ceux venus de l'ailleurs, de ce désir plus répandu de sédentarité que de voyage ; nous serions donc tous appelés à poser nos valises et à construire des villes. N'est-ce pas le désir de chaque peuple ? N'est-ce pas la persécution qui déplace les peuples ?

Quand je suis à un contrôle de police à l'aéroport d'Alger ou d'une ville française, je ne sais presque jamais qui va sortir un passeport algérien et qui va sortir un passeport français, rien parmi les signes visibles : le visage, la tenue ou la langue parlée ne permet de le deviner et quel que soit ce qu'on pense de cela, je me dis que cette réalité s'impose d'elle-même et ne fait qu'accentuer la violence des contrôles fondés sur une notion décalée de l'identité nationale de la France.

N'est-ce pas cette même violence par laquelle un immigrant ou un jeune étudiant algérien, qui se frottait il y a quelques dizaines d'années à la culture de Hugo puis de Sartre, se retrouve aujourd'hui recroquevillé entre le sentiment rapporté ou ressenti de racisme et celui défensif de retour aux sources de la culture orientalo-religieuse à la sauce banlieue francophone !

J'aimerais tant que revienne le souffle d'Albert Camus croisant Kateb Yacine à la rue de Tanger entre un plat de sardines grillées et un pétard bio, j'aimerais tant qu'avant que les chars n'entrent dans la demeure du soleil et de la mer, ils sachent que nous cheminons pieds nus sur les pavés de nos rois berbères et ceux souillés par les bulldozers et les plans de façades immobilières du tourisme à outrance. La maison de Camus et de nous autres regarde dans le vent et dans sa solitude d'indigène qui ravale ses larmes aux sons des bombes fabriquées par les mains qui se lavent les mains et les autres qui les regardent de biais et ne reconnaissent à la terre que les containers qui vont et viennent dans la nuit.

J'attends de t'entendre.

Amitiés

Samira

----- Original Message -----
**From :** Nicole Caligaris
**To :** samira negrouche
**Sent :** Saturday, December 29, 2007 5:49 PM
**Subject :** Re : correspondance

Samira,

Je sais qu'il faut toujours écouter le tambour.

Le joueur de bendir voit juste : la France ne vous aime pas.

La salle Algérie de la préfecture de police de Paris se trouve 36, rue des Morillons, 2e étage, un ticket te souhaite la bienvenue.

« Bienvenue à la Préfecture de Police, salle Algérie.
Vous serez appelé par le n°111. »

L'État français a placé sur son seuil un monstre avec un petit trou à l'arrière du crâne, par lequel on lui a sifflé le cerveau, des épaules d'une envergure de 15 cm, une gueule qui s'ouvre pour brailler et, au lieu de se fermer, qui claque. Derrière son comptoir de formica dont le plateau m'arrive exactement sous le pif, j'ai vu ce type regarder mes amis comme je voudrais pouvoir n'autoriser personne à porter les yeux sur quiconque. Mes amis, venus tenter une énième demande d'autorisation de séjour à l'État français. J'ai entendu ce type et toute la France qui n'entend pas bien a dû entendre ce type dire, tous les jours, 111 fois par jour, à mes amis : « Vous ne voulez pas comprendre : on ne veut pas de vous. »

Mes amis, depuis cinq ans dans la cave, la peau sans couleur. Des moisissures dans les poumons, mes amis. Il ne reste de mes amis que leurs quatre mains qui bossent quand personne ne regarde, qui tiennent comme elles peuvent ensemble, qui tâchent de tenir, qui tâchent de tenir leurs deux mômes nés à Paris au-dessus de la surface des égouts. Avec une seule idée en tête : ne pas retourner en Algérie.

Et c'est à André Hardellet que je pense : *Horizon, piège toujours tendu sur un paysage simple.*

Le piège, c'est que je croyais me trouver sur la question de l'espace, des mouvements géographiques des hommes et que ta lettre me fait comprendre que nous sommes sur la verticale du temps, que nous n'avons jamais quitté la question de l'histoire. Tu me fais comprendre que le lien n'est pas établi entre deux centres, entre deux peuples, par l'exil et les circulations des migrants, mais que ce lien existe d'abord sur la verticale de l'histoire, que le départ, que la destination choisie est une réponse à ce lien, un consentement ou une rupture.

La France est un pays de 15 cm d'envergure qui a fait passer son histoire par le tout petit trou pratiqué à l'arrière de son crâne. Le piège, c'est que le yo-yo de notre imaginaire patine sur la verticale du temps. La France reste le pays de la ligne Maginot : une vision de retard. Je la verrais bien portée en emblème sur le blanc du drapeau, cette ligne de fortifications construite à frais considérables sur le front de 14-18, dix ans après 14-18, avec son slogan qui n'a pas pris d'âge : « On ne passe pas. » Dommage que les conséquences du fiasco de 40, comme les conséquences de la forteresse immatérielle que nous avons l'illusion de monter aujourd'hui, nous fassent passer le rire de travers. C'est à cause de ce sens de la marche arrière que l'État français n'a de cesse de faire revenir mes amis sur leurs pas, de les faire rentrer dans leur passé où ils ne voient que de la cendre. L'État français ne veut pas comprendre ce que dit Julien Gracq du paquebot à l'appareillage : *On sentait, on voyait tout d'un coup qu'il y avait, derrière cet ébranlement presque millimétrique, une extraordinaire* pression. Qu'il y ait ou pas une arrivée, cette pression rend le départ irréversible.

Je suis des yeux le regard du joueur de bendir : le voyage mène au-delà de l'horizontale promesse d'une terre où vivre. Ta lettre parle du sens de cette vie rêvée sans quoi l'existence est un impossible. Tu en parles en utilisant l'adjectif « anonyme » et, oui, je le vois ce rêve. Décider de partir, c'est placer son patronyme sur le tapis de la chance, vouloir le perdre ici, vouloir le gagner là-bas. Et c'est dans ce pari que je vois non seulement Albert Camus et Kateb Yacine en train, splendide idée, de se passer le joint, mais aussi ce désir, cet immense désir de tenter la liberté dont tu parles, dont le joueur de bendir calcule, sur ses livres de chair, les pourcentages de la martingale. Je vois le courage de cet homme qui compte ses chances de se faire attraper par la mer, comme l'enjeu même du départ : être capable de se supprimer.

Et de rejaillir… peut-être… les yeux piquants, en secouant ses cheveux, en s'ébrouant tout entier, au ciel, aspirant une longue goulée, aspirant, immensément, intensément, l'air.

Le piège, c'est qu'il nous manque un mythe. Et ça n'est plus l'horizontale, même plus la verticale, ça, c'est la transcendantale et elle nous fait défaut. Je suis frappée que tu évoques le désir de sédentarité. Je réalise que nous avons mille rêveries de départ, que nous avons Rimbaud, que nous avons, avec Julien Gracq, ce rêve d'appareillage, *de voyages très incertains, de départs tellement départs qu'aucune arrivée ne pourra jamais les démentir.* Mais tu évoques un rêve de bâtisseur que nous n'avons pas. Le rêve de s'installer quelque part, de faire fructifier une terre, non pas une terre héritée mais une terre d'élection, j'ai beau chercher, nous ne l'avons pas. Nous en avons emprunté le modèle aux westerns américains, nous rêvons la conquête du Grand Ouest, nous ne rêvons pas ce que nos arrière-grands-pères ont dû rêver, que nous ne pouvons plus intimement comprendre, que nous réprouvons, au contraire. Et voilà que ce même Sud qui a dû être l'espérance de nos arrière-grands-pères et dont nous n'avons pas transformé le rêve, dont le patrimoine immatériel s'est perdu avec le patrimoine matériel, voilà que ce même Sud est devenu le point cardinal de votre assignation à résidence, dont tu fais une condamnation à l'absurdité.

Le piège, c'est que notre configuration mentale de Français est d'une étroitesse telle que nous ne concevons notre histoire que reportée sur l'horizon bleu de la ligne des Vosges, incapables de corréler un temps à différents espaces, incapables de penser les origines de notre présent hors le petit Hexagone où nous avons les pieds. Par étroitesse d'esprit sans doute, peut-être aussi par contrecoup du traumatisme de 1940, les Français ont tant voulu protéger leur cohésion de peuple qu'ils l'ont fait dans un saccage et au sacrifice du vôtre. Et notre mémoire, à présent, monte et descend, lestée du poids de ses crimes enveloppés de coton, sur cette ligne fortifiée que nous avons un mal de chien à faire sauter. C'est ainsi que la date du 8 mai 1945 devrait porter un double visage, dans nos commémorations, celui des gamines dansant entre les bras des soldats américains sur Saint-Germain-des-Prés et celui des gens de Sétif dont précisément il me manque, j'ai beau chercher, l'image symbolique. J'ai cette image en tête de camions transportant des corps en sang, et que personne ne semble voir : je l'ai prise à Leonora Carrington en train de basculer dans une folie délirante, alors qu'elle était en fuite vers l'Espagne, en mai 1940. C'est dans *En bas* : J'*étais coincée en moi-même par des forces étrangères à ma volonté consciente*, écrit-elle.

Notre mémoire s'étiole entre ses repères étroits qui sont devenus des murailles pour vous tenir à l'écart, vous, nos prochains sur la verticale de notre histoire partagée, que nous nous représentons si lointains sur l'horizontale fléchée vers le nord de l'espace économique. Ta lettre me dit que nous sommes un manque à votre espace quand vous êtes un manque à notre temps.

« Violente absence », dis-tu. Je ne suis pas près d'oublier ton énigmatique formule.

Ta lettre me parle du désir et c'est le substantif que nul ne prononce ici. Surtout pas les responsables politiques. Il ne viendrait à l'idée de personne de dire que les immigrants viennent parce qu'ils en ont l'intense désir. Je regarde, à travers ton récit, non plus le regard du joueur de bendir mais ce qu'il a dans les yeux, et je vois l'hospitalité comme l'impossible accueil de ce si grand désir. Notre civilisation tient à la délicatesse de cette position. En nous faisant les juges et pas les hôtes du désir de l'autre, nous avons choisi la bêtise. C'est réglé.

Tu dis que ce désir de respirer de toute son amplitude pulmonaire est un désir de justice, je le redis avec toi.

Et que la bêtise des États européens est en relation directe avec sa symétrique, la bêtise des intégrismes religieux qui montent de leur côté les murs immatériels d'une autre citadelle.

J'aurais voulu partir, chère Samira, si curieux que ça puisse paraître, vers l'horizon plus lumineux de la fiction, je n'ai pas pu. Nous sommes à quelques jours des attentats qui ont bouleversé et tué à Alger. Je t'écris du café de l'Industrie aux murs couverts d'objets et de photos de quelque époque coloniale. J'ai renoncé au petit noir pour un demi à ton amitié.

Nicole

Le 14 janv. 08, à 17:18, samira negrouche a écrit :

Nicole,

À l'image du mot cave, je ne peux que sursauter. Dans la rue Omar-Amimour, dans l'axe du Sacré Cœur d'Alger, sur la route du marché, la cave où l'on assassina Jean Sénac, coupable d'être algérien, poète, non musulman, libre et homosexuel. C'était l'Algérie de la ferveur nationaliste, de l'uniformité morale, bien avant celle de l'extrémisme claustrophile d'aujourd'hui.

Ainsi, vivre dans l'ombre ne suffit pas, il faut tout simplement disparaître… ou se taire, s'encastrer dans l'habit noir passe-partout. Autant te dire qu'on choisit la cave de l'ailleurs et les pièges de l'horizon, avec la foi profonde dans un horizon temporel plus juste.

Tu as bien raison, nous avons fabriqué des kilomètres et des années de remparts les uns contre les autres mais avant tout contre nous-mêmes. Sommes-nous condamnés à répéter l'histoire, se lever en communauté seule détentrice de la vérité sacrée ?

Ma terre m'inquiète, je sais le mal qui vient de l'enfermement de soi par soi, le déni de l'histoire humaine, des regards partagés. Le crime m'accompagne dans les immeubles qui s'effritent, les rues qui se ravinent, les femmes-fantômes, les interdits devenus légion et les illuminations vérités absolues.

La situation est plus dure que je ne pourrai te la décrire, je préfère taire ce qui est devenu inextricable et insoluble. Je pense à tous ces autres lieux, ces autres espaces où tout va mal, où nous sommes tous des kamikazes en puissance ; non pas au nom de la religion mais au nom d'une justice devenue illusoire et d'une douleur devenue insupportable.

À suivre le mouvement du bendir, je porte en moi ce regard mi-rieur mi-absent de celui qui rêve d'arriver à la salle d'attente de la préfecture de Paris ou de Rome, il attendra s'il le faut le ticket 1111 tandis que je creuse mon ulcère tous les 11 du mois, juste un peu plus que les autres jours du mois, de me dire que ce garçon du 11 peut être le même que mon musicien fugueur qui serait émerveillé de savoir ce qu'est une fugue de Bach.

Dans le tracé de ta verticale du temps, je ne veux rien savoir de qui a frappé le premier, je me dis que l'urgence environnementale s'accompagne de l'urgence d'équilibre humanitaire, même de déséquilibre communautaire. La verticale du temps doit redonner sa chance et son droit à tout individu.

L'intraculturalité, de même que la consanguinité, est génératrice de malformations irréversibles et parfois létales (assassines).

Je me laisse basculer quelques semaines en arrière, je suis dans les rues de Prague et je suis heureuse d'être loin du patronyme, j'ai finalement un visage anonyme qui trouve sa place dans le métro de l'Europe sans porter à suspicion, j'ai l'illusion de l'anonymat et peux enfin user mes semelles en toute liberté, à chaque heure du jour ou de la nuit, je peux regarder Mozart dans les yeux et lui dire mon arrivée tardive à son langage, ma course folle pour rattraper un patrimoine confisqué par l'histoire, la petite et la grande, mon incapacité à lire avec précision et retenue la généalogie d'une maison qui se décompose en enterrant soigneusement ce qu'il en reste.

Combien de temps et de voyages a-t-il fallu pour désapprendre la maladresse du corps, comprendre qu'il y a une part de choix culturel dans l'« excellence morale » ? Il n'y a pas de choix libre au conditionnement *spiritueux* et moralisateur.

Fuir de soi et de sa langue comme unique sens à sa route. Nous avons affaire à une crise de tendresse et d'esthétique, le temps rattrape ceux qui ont été parqués à l'ombre du temps et se réveillent et meurent sans avoir connu autre chose que la poussière et l'incendie du soleil. Qu'on leur donne des théâtres de Beckett et l'opéra de Lyon, le cinéma japonais et les compositeurs de Londres. Qu'on leur donne leur esthétique et leur langue dans la langue commune de l'art libre et chiant et provocateur et bon et beau.

Dis-leur qu'il y a erreur sur l'accusation, nous n'avons pas besoin de civilisation, notre civilisation a été mangée par le temps de certains, longtemps chevillés à notre continuité et à notre construction ; nous n'avons pas besoin de civilisation mais de justice, d'un ordre juste des choses. Que l'on comprenne que nul n'a le droit de vivre aux dépens d'un autre semblable qu'on suppose, pour son confort, indigne des mêmes privilèges, des mêmes esthétiques, des mêmes préoccupations. L'utopie nécessaire à la survie.

Le bendir ne veut que se frotter à l'ailleurs, humer une autre poussière, mélanger sa sueur hirsute à une sueur plus douce qui lui donne le goût d'insuffler son énergie dans les moteurs à réaction de sa civilisation personnelle, enfouie sous des tonnes de formatages.

Voici que je tombe sur un article concernant l'élargissement de l'espace Schengen aux pays de l'Est et cette phrase assassine du président de la Commission européenne, José Manuel Barroso, affirmant que « la circulation des personnes constitue l'un des principaux droits de l'homme ». Alors que, pour le chancelier autrichien, Alfred Gusenbauer, cet élargissement crée avant tout « une zone plus large de paix, de sécurité et de stabilité ».

Je suis heureuse pour mes amis de Prague, longtemps relégués au rang de détritus de la vieille grande Union soviétique.

Qu'en est-il de nos droits humains, sommes-nous des sous-hommes et des sous-femmes à éloigner en toute urgence de la belle humanité ? Sommes-nous indignes de la zone de paix, de stabilité et de sécurité ?

Je ne connais que trop bien la chanson de l'état d'urgence au nom duquel tous droits sont mis en suspens, vais-je mourir sans avoir le droit simple de partir et de revenir sur un coup de tête ?

La vérité est que l'interdit est à lui seul un appel à la rébellion, au voyage ; il devient par lui-même un interdit de revenir, cela se termine par la grande question de fierté.

Diras-tu que je m'éloigne de l'immigration ? Pourtant, tout commence à mon avis dans l'idée possible du départ, de l'échappatoire, de la survie. Le désir, encore lui, ne doit pas être réprimé, dévié de sa trajectoire, il ne doit exploser qu'en transfert de désir et non en violation du désir.

Je ne peux que revenir au voyage, un passage à Malte en septembre, ce pays que je retrouve à l'image des visages algériens, de cette langue arabo-italo-anglaise que je comprends sans trop d'efforts puisqu'elle s'apparente à la mienne. Une poète du prénom de Maria me dit : « Sais-tu ? Malte est le seul pays chrétien où, pour dire Dieu, on dit Allah comme les musulmans. » Je revois ce pays que j'ai connu avant l'Europe, il a pris un visage plus libre, plus audacieux. Le Allah des Maltais est bienvenu en Europe tandis que celui des Turcs en est exclu… Pourtant ce million de Turcs dans les rues d'Istanbul, ces larmes pour le patrimoine laïc et les valeurs universelles.

De quel crime parle-t-on qui ne soit semblable aux crimes tout aussi atroces commis par de grands pays à des moments de désespoir historique et de détresse populaire ? Quel crime autre que celui qui pousse au crime ?

La Turquie, cette charnière d'espoir entre deux mondes qui se livrent la bataille de la surdi-mutité. Rejeter la Turquie, c'est non seulement rejeter les enfants légitimes de l'Europe (les musulmans issus ou non de l'immigration) mais surtout rejeter un symbole fort pour l'histoire de l'humanité, rejeter les mains tendues dans l'ombre de bien d'autres mains. C'est rejeter une chance unique de lever le voile des égoïsmes politiques et d'ouvrir une voie express à l'émancipation des peuples.

Le mépris devrait être banni à un tel niveau de responsabilité.

La France que je connais est capable d'une envergure élastique, elle est la terre d'autant de Nicole qui n'auront de cesse de réinjecter dans certains cerveaux les bouts de raison que la peur, la panique et la manipulation politique leur ont confisquée.

Nous avons besoin de votre courage et de votre clairvoyance. De même que notre monnaie, notre dinar révolutionnaire, est indexée au dollar ou à l'euro, notre vie et nos droits humains vous sont indexés, notre liberté, notre soif d'esthétique nouvelle vous sont indexés.

Soyez vigilants pour nous tous, ne revenez pas sur la démocratie et la laïcité, ne revenez pas sur les droits des femmes et n'acceptez en cela aucune exception culturelle, ne laissez pas la déraison commerciale créer un autre indigénat au nom des cultures et des traditions.

Mes amitiés depuis la demeure du soleil.

Samira

----- Original Message -----
**From** : Nicole Caligaris
**To** : samira negrouche
**Sent** : Wednesday, January 16, 2008 1:37 AM
**Subject** : Re : correspondance /

Ah oui ! chère Samira, que le solaire Jean Sénac transformé en étoile par son destin, à qui il a dit « oui », soit notre vœu lumineux. Nous avons habité ensemble un moment sa « cave-vigie », cette langue que des patrons comme lui ont eu la vigueur de nourrir au prix de leur peau, où nous nous sommes efforcées de tenir le quart, les yeux portés sur les oscillations sans fin des hommes qui font le déséquilibre de leur monde, et c'est son équilibre exact, qu'on le veuille ou non ; nous nous sommes efforcées de ne pas déserter ce logis quel que soit son aspect, de lui confier le peu que nous détenons de puissance et même d'y faire de la musique, lançant et rattrapant le bendir, cet espoir.

Je termine ce courrier au milieu de la nuit, peut-être que tu le liras au matin.

Je t'embrasse.

Nicole

----- Original Message -----
From : samira negrouche
To : Nicole Caligaris
Sent : Wednesday, January 16, 2008 7:38 PM
Subject : Re : correspondance / Fin

Chère Nicole,

Cette nuit, pendant que je t'écris, je m'efforce d'attraper au vol ce bout de souffle qui permet la percussion, le doum et le tac terriens, je m'efforce de ne pas trahir la parole, de ne pas oublier que nous avons chacune nos caves qui nous hantent la conscience et les entrailles. La mienne est humide et incertaine, elle ne connaît pas le chemin de sa destinée, elle n'a plus d'espoir face au cercle infernal de la violence associée aux mensonges des uns aux rejets des autres. Te parler est une épreuve mais aussi une évidence de notre verticalité du verbe, le tien manquait à ma destinée d'être. Je me dis que lorsqu'il n'y a plus d'espoir, il est temps que quelque chose se produise, de l'ordre de la survie ou de l'acte final, quelque chose qui rendrait grâce à ceux qui ont cru, jusqu'à l'entêtement ou à la folie, enfin arriver à ce jour où Sénac et le visage multiple de mon pays auront une petite place au soleil.

En attendant de te revoir,
je t'embrasse.
Samira

Mourad Djebel & Nathalie Quintane

## Mourad Djebel

Né en Algérie en 1967, Mourad Djebel y fait ses études supérieures et y exerce son métier d'architecte. Il quitte le pays natal en 1994 pour s'installer en Afrique de l'Ouest avant de venir en France où il réside aujourd'hui et se consacre à l'écriture. Il a publié des romans, *Les Sens interdits*, (Éditions de La Différence, 2001), *Les Cinq et Une Nuits de Shahrazède* (Éditions de La Différence, 2005), de la poésie, *Les Paludiques* (Éditions de La Différence, 2006) et a participé à des ouvrages collectifs « Statufiction », texte en prose poétique dans *Petites Agonies urbaines*, autour des photographies de Michel Denancé (Le bec en l'air éditions, 2006).

## Nathalie Quintane

Née en 1964, Nathalie Quintane écrit depuis une quinzaine d'années des livres publiés essentiellement chez P.O.L. Les derniers ouvrages sont *Antonia Bellivetti* (2004), *Cavale* (2006), *Grand Ensemble* (2008). Ont également été publiés *Une oreille de chien* (Les éditions du Chemin de fer, 2007) et avec Alain Rivière, *Un embarras de pensée* (Argol, 2008).

Nathalie Quintane a préféré ne publier qu'une partie de sa correspondance avec Mourad Djebel. Elle s'en explique à la fin de leur échange.

Chère Nathalie Quintane,

Je suis loin, même très loin de vous en vouloir. Depuis le moment où j'ai ouvert le message annonçant le début de ces correspondances et nous associant vous et moi, je regardais mon ordinateur dans le gris de l'écran à la recherche de ce qui pourrait être le brin d'une amorce du début d'un commencement sans y parvenir, même si, et vous aviez raison de le rappeler, « cela a commencé bien avant nous » et ne prendra certainement pas fin avec la nôtre (de fin). Mon ordinateur, lui, me regardait de son œil cyclopéen pour accentuer la difficulté.

Merci donc d'avoir commencé... pour nous deux...

Cette difficulté que j'avais à commencer tient justement à ce sentiment « qui mêle impuissance et colère » ou plus exactement à sa conséquence principale : m'(nous ?) amener à rabâcher et arpenter des lieux communs, jusqu'à ce que remonte et coule cette espèce d'indignation impuissante ou d'incantation indécente au regard de ce qui arrive.

Non, mon « histoire », malheureusement, ne peut me placer « ailleurs » que dans cette impuissance-colère (une vieille compagne) et cette culpabilité de ne pas avoir à affronter cette horreur au quotidien alors que beaucoup...

Il me semble même indécent de ma part d'évoquer ce que subissent des (ces) êtres humains, réduits en simples chiffres, leurs rêves, leurs bassesses et leurs grandeurs, leurs tricheries et leurs moments de vérités, leurs douces amours et leurs haines, le tout pulvérisé, réduite à néant leur humanité, de la main d'autres humains devenus, eux, les rouages consentants ou non d'une machinerie implacable, d'une rationalité sans Raison.

Mais trouver la musique qu'il faut pour ce « dire »-là, n'est-ce pas un des rôles de l'écriture ?

C'est aussi de ma part un début « qui essaye de faire ce qu'il peut ».

Bien à vous,

*Mourad Djebel.*

Cher Mourad Djebel,

J'ai un peu peur que cette correspondance soit pleine de présupposés et de prérequis, qui formeront, à la longue et par couches, le mauvais matelas de lieux communs que vous craignez vous aussi.

Elle est curieuse, tout de même, cette démarche, il est étrange, ce projet d'organiser *ex nihilo* (ex-*nihilo* ?), et en tout cas de manière volontariste une correspondance entre écrivains « français » et écrivains « africains » (ça me rappelle le pavillon « africain » de la Biennale de Venise cette année, pas un pavillon béninois, non, pas un pavillon malien, pas un pavillon tunisien : un pavillon africain – vous me direz, il paraît que la France, l'Ukraine ou la Finlande, vues des États-Unis, c'est la même chose, c'est l'Europe ; mettons que l'Afrique est aux Français, ou aux Italiens, ce que l'Europe est aux Américains – on a pourtant tous, ensemble, une sacrée Histoire qui n'aurait pas dû, ou ne devrait plus, nous amener à subsumer et à cuisiner de façon aussi désinvolte les parties dans leurs grands faitouts continentaux…).

Vouloir établir une correspondance, cela semble signifier qu'il y a un manque de correspondance(s) et peut-être même un manque de volonté de correspondre (que ce soit inconscient, on peut l'espérer)… Il y a quelques années, j'ai été invitée au Maroc, pour une lecture, dans le cadre d'un festival (le festival de Safi) par Jalal El Akmaouï. Il ne comptait ni sa peine, ni son temps pour ouvrir d'autres pays à la poésie contemporaine du Maroc et inversement et réciproquement. Pour cela, il faisait de nombreux voyages en France et en Belgique (entre autres) ; et il était déçu par l'accueil qu'on lui réservait en France ; il était déçu parce qu'on ne l'écoutait pas beaucoup ; il était déçu parce que rien de concret ne se construisait. Et je dois dire que je me sens, aujourd'hui, sans doute un peu coupable (première occurrence !) de ne pas avoir agi pour qu'il se passe et se fasse quelque chose. Voilà : je suis déçue de ne pas être belge davantage, et ce n'est ni une pirouette ni une mauvaise blague.

Vouloir établir une correspondance entre écrivains « français » et écrivains « africains », c'est essayer d'établir un partage – mais le partage de quoi ? D'un savoir ? D'un sentiment ? Si l'on écrit, c'est bien parce qu'on ne sait pas grand-chose et qu'on attend justement de l'écriture qu'elle nous l'apprenne. Quant au sentiment, eh bien, on l'a dit dès le début : impuissance et colère. Bien.

Pourtant, il y a ce présupposé-là, auquel j'ai cédé en vous parlant de « fuite » dans mon premier mail, ce présupposé – ce cliché – qui suggère que *vous* seriez du côté d'une connaissance forcément plus concrète, plus « réelle » de la situation des émigrés, et que *je* serais tout aussi forcément en plein déficit de réalité – au-delà, que les écrivains « africains » viendraient, par cette correspondance, apporter du concret, du vrai, du tangible à des écrivains « français » complètement sortis de la réalité par l'entreprise médiatique (par exemple). Mais je me trompe peut-être… c'est-à-dire que j'ai peut-être raison… et pourtant, reconduire cette vieille dualité (concret/abstrait), on ne peut faire autrement que d'essayer de l'éviter (un seul Henri Guaino suffit largement).

Bien à vous,

*Nathalie Quintane*

Chère Nathalie Quintane,

Correspondre *ex nihilo* avec un (une) autre écrivain, dans une perspective de confronter et d'échanger des idées ainsi que de faire entendre peut-être la singularité de ma (sa) voix à travers une publication, est plutôt un plaisir, même sur un sujet précis prédéfini par autrui (ou imposé par une réalité qui vire au cauchemar), mais il se trouve que cette correspondance préétablit un principe de répartition des écrivains où il y a le présupposé que vous soulignez avec sa dualité, concret/abstrait, à laquelle je reviendrai plus loin, mais est-ce le seul présupposé ?

Le paragraphe suivant a été écrit pour notre premier échange puis j'en ai zappé sciemment toute la seconde partie, ne gardant que la première phrase, en attente de voir la suite, mais sachant qu'à un moment ou un autre ce principe de répartition des écrivains engagés (que je ne pense pas avoir validé du fait d'avoir accepté le projet) dans ces correspondances nécessitera forcément une mise au point.

Merci d'avoir commencé… pour nous deux… avais-je écrit. Merci aussi pour cette entame qui évite de m'(nous) inscrire d'emblée dans le schéma préétabli (présupposé, vous avez écrit). Mais qu'est-ce qu'un supposé écrivain français est supposé pouvoir ou ne pas pouvoir dire à un supposé écrivain algérien ou à un supposé écrivain maghrébin ou à un supposé écrivain africain, et qu'est-ce que ce supposé dernier (qui a, cela va sans dire, selon les critères du café du commerce cathodique, des problèmes d'identité puisqu'il possède à lui seul trois supposés, voire quatre puisqu'il est supposé écrire dans la bien supposée langue française) est supposé répondre au supposé premier ? Comme si l'écriture avait aussi besoin d'une carte d'identité, d'un passeport et, le cas échéant, d'un permis d'écrire comme on dirait permis de conduire.

À quand les écrivains ou plutôt l'écriture sans papiers ?

L'écriture n'a besoin que d'une langue. Il se trouve que nous écrivons dans la même langue, sommes-nous les mêmes ? Non, sans tomber dans un essentialisme de pacotille, non et deux fois non. Hormis l'histoire personnelle de chacun et l'autre, l'Histoire, la grande, la langue aussi induit des différences, puisque c'est avec une langue à forger que j'écris (nous écrivons), une langue quelque peu « étrangère », même si elle est une langue commune, véhiculaire. C'est Deleuze, je crois, en causant le Proust (le Proust, *Contre Sainte-Beuve*) qui disait que les plus beaux livres sont toujours écrits dans une espèce de langue étrangère, ou quelque chose comme ça, à moins que ce ne soit le contraire. Deleuze avec Guattari dans *Kafka, Pour une littérature mineure* : « Écrire comme un chien qui fait son trou, un rat qui fait son terrier. Et, pour cela, trouver son propre point de sous-développement, son propre patois, son tiers-monde à soi, son désert à soi. »

D'aucuns diront que si la vie humaine elle-même, l'unique chose qui soit irremplaçable, peut être réduite à néant (je pense là non seulement aux suicides ou tentatives de fuite des sans-papiers devant la police dans des conditions de mort certaine, mais aussi à toutes les embarcations qui chavirent au large de la Méditerranée) pour des questions de papiers, ces considérations sur l'identité imposée à l'écriture, c'est du pipi de chat et même s'il joue au chat savant, c'est du pipi de chat quand même.

N'empêche que ces considérations autour de l'identité de l'écriture et de la répartition des écrivains, en entérinant ces rangements, ces classifications très normées sans nuances, sans ambiguïtés (si nécessaires à l'écriture et à notre vie les uns avec les autres), qui de plus en plus envahissent l'espace public, recoupent ce qui me semble être le cœur même du sujet de cette correspondance (la politique de l'immigration) : la question de l'identité, de l'appartenance et de l'altérité que j'aurai peut-être à développer dans la suite de nos échanges.

Une toute dernière considération sur l'écriture et sur ce projet particulièrement. Vous avez écrit : « Quant au sentiment, eh bien on l'a dit dès le début : impuissance et colère. Bien. » Cet autre paragraphe que j'avais zappé de mon premier message dit presque la même chose :

Je suis venu à l'écriture ou plus exactement à la publication, estimant que c'était une manière de sortir de l'impuissance-colère que j'éprouvais au moment où j'ai quitté l'Algérie. Il se trouve que, aujourd'hui, lucidité est de constater que l'écriture constitue une autre forme d'impuissance et peut-être la pire car elle me (nous ?) donne l'impression de faire quelque chose ou du moins d'essayer de « saisir quelque chose » dans cette horreur qui se met en marche, ces mécanismes qui nous forcent à envisager et à vivre avec le pire (ce pire qui semble ne plus avoir aucune limite), mais en réalité ça ne sert qu'à se donner bonne conscience et, pourquoi pas, un tout petit plus de notoriété avec une publication.

Sans que ce soit une relation de cause à effet, en lisant votre premier message, cette impuissance-colère avait atteint (elle le fait régulièrement, comme dans un cycle sinusoïdal) une espèce d'apogée qui m'a poussé sur le moment à m'emporter sans nuances contre l'écriture ou du moins contre toute forme de foi en l'écriture (la littérature), contre toute confiance dans le pouvoir des mots. Mais lucidité aussi est de constater que si je m'en tiens uniquement à cette impuissance-colère, si tous nous nous en tenons à cette impuissance-colère face à cette horreur en marche, personne ne dira plus rien, alors que ce « dire », quand bien même il serait noyé dans le flot des « dires », quand bien même il serait inaudible, quand bien même il serait une tentative de remplir une outre percée, il y a besoin de le dire, sinon ceux-là qui prônent ces politiques vont gagner pas seulement sur le registre des faits réels (là, ils ont déjà gagné) mais aussi en légitimant définitivement et d'une manière irréversible leurs nauséeuses idées sur le rapport à l'Autre, en les martelant encore et toujours d'une manière incantatoire qui transforme les fins en arguments et les moyens en politique.

Revenons maintenant à la dualité que vous évoquiez. Vous avez écrit : « On a pourtant tous, ensemble, une sacrée Histoire qui n'aurait pas dû, ou ne devrait plus, nous amener à subsumer et à cuisiner de façon aussi désinvolte les parties dans leurs grands faitouts continentaux. » Est-il possible dans ce cas-là de les cuisiner dans un faitout planétaire, universel (en réinventant une nouvelle universalité) ?

Il me semble que, dans l'histoire des communautés humaines, à chaque fois qu'on force un peu sur l'appartenance (comme on dirait trop forcer sur le pinard), l'altérité se retrouve un peu (beaucoup) maculée de taches de sang (ou quelque chose comme ça, à moins que ce ne soit le contraire).

Peut-être qu'un faitout beaucoup plus grand, assez grand pour que chacun puisse y contribuer modestement, nous évitera beaucoup de dualités, même celle abstrait/concret où je suis supposé « pallier par ma supposée connaissance concrète votre supposé déficit de réalité ».

Je suis conscient que ce que je viens d'écrire n'est pas exempt de contradictions, d'ambiguïtés et même de lieux communs, mais c'est une suite qui essaye de faire ce qu'elle peut.

Chère Nathalie Quintane,

Je vous avoue qu'une autre raison du retard de ma réponse, que je n'ai pas du tout évoquée lors de notre dernier et court échange (hors champ), est une espèce de tétanie provoquée en premier lieu par l'information suivante, lue il y a quelques jours sur le site du *Nouvel Observateur* :

« Giorgio Bettio, conseiller municipal de Trévise et membre du parti populiste de la Ligue du Nord, a proposé d'"utiliser les mêmes méthodes que les nazis" afin de faire "comprendre aux immigrés comment ils doivent se comporter" rapporte mardi 4 décembre le quotidien local, *La Tribuna*. »

Je ne me sentis plus, pendant au moins deux jours, capable d'écrire, de trouver un sens aux mots que j'allais utiliser pour vous répondre et surtout de les articuler pour en faire un propos assez cohérent, capable d'être signifiant.

Vous me diriez, à raison, cela se passe en Italie et puis c'est un élu de la Ligue du Nord, etc.

Je me considère moi-même, peut-être à tort, assez blindé, assez lucide (je dirais même un animal à sang froid), pour que ces élucubrations d'un élu de la Ligue du Nord puissent m'ébranler et même me toucher un tant soit peu, mais en réalité j'ai réalisé que ce qui a provoqué cette tétanie et même une espèce de chaos dans mon esprit, ce sont finalement moins les propos en eux-mêmes que la réalisation d'une espèce d'intuition (même de prévision) que j'ai depuis déjà un bon moment : à chaque fois, on franchit un cap supplémentaire et les vieux démons pointent un peu plus que le bout de leur nez.

Je parle là d'une espèce d'escalade verbale toujours en courbe ascensionnelle qui n'est pas près de s'arrêter. Au fur à mesure, les barrières cèdent une à une devant cette logorrhée, cette diarrhée, et laissent transparaître le pire qui sommeille en chacun de nous.

« Un long et lent lâchage qui avait pris son départ au début des années 1980 », avez-vous écrit, et peut-être que je parle de la même chose puisque cette escalade en est l'un des ressorts, elle lui est concomitante mais en même temps parallèle et identifiable.

Plus récente en revanche (depuis 2002), cette escalade, se parant des lambeaux d'un discours « intellectuel », d'un fard « d'analyse et d'expertise » d'un couvre-chef « informationnel » tapinant derrière toutes les vitrines cathodiques et éditoriales, autorise tous les amalgames pour peu que les propos concourent à discréditer voire à criminaliser la figure de l'étranger : immigrés, noirs, basanés, islamiste, gamins de banlieue, identité ethnique, voile, violence, le tout d'une manière ou d'une autre = Étranger = Danger.

C'est peut-être à tort que je situe le début de cette escalade en 2002, suite aux attentats de New York, effectivement, le « bruit et odeur » est beaucoup plus vieux, mais ce genre de saillies était moins répandu, il me semble, et bien identifiées étaient leurs sources ; l'escalade actuelle n'est plus le fait des politiques qui cherchent à récupérer trois voix du côté de Le Pen ou du moins pas uniquement.

Oriana Fallaci, journaliste, italienne là aussi, avait, me semble-t-il, ouvert le bal des vampires avec son pamphlet ordurier : *La rage et l'orgueil* et, depuis, l'orchestre refuse de la mettre en sourdine, de nouveaux sonneurs et klaxonneurs ne cessent de le rejoindre et le tintamarre, si ce n'est raciste du moins racialiste, identitaire, jouant de toutes les gammes de l'amalgame, augmente de volume sonore.

Peut-être ai-je tort encore une fois, mais il me semble que sans cet orchestre hétéroclite d'« élites intellectuelles » qui a installé dans le débat public la confusion, un « brouillage généralisé et permanent », et surtout la peur comme mode de fonctionnement collectif, comme rapport au monde – la peur, ce qu'il y a de plus irrationnel en chacun de nous – aucun politique n'aurait pu jouer à l'apprenti sorcier avec ce qu'il y a de plus « sordide et de plus stupide dans l'imaginaire collectif ».

*Où se trouve la parole hésitante,*
*Epithètes du doute*
*Mots frissonnant, désolés*
*De franchir le seuil*
*Le pas au-delà des lèvres*
*D'affranchir le silence*
*Leur confier pour*
*Quelques secondes de répit*
*L'intervalle habitable du cœur*
*Alors que l'espace et le temps cernés*
*Par les illusions pulvérisées ne laissaient aucun doute*
*Toute mobilité n'a plus ni parcours, ni lieu*
*Ni énigme, elle se heurte*
*Aux mots armés pour nuire*
*A la parole qui clos le monde et le rêve : peur, peur,*
*Et encore peur, scandait le Chœur*
*Lui, l'étranger devenu « étrange »*
*Ne cesse de courir au bout de la corde*
*Parcourir sa solitude.*
*Peur, peur scande le chœur*
*Accompagnant la horde et la corde*

Quand je parlais de ce « pire qui ne semble plus avoir de limites », cette courte parenthèse dans mon précédent message, je pensais bien sûr à cette politique répressive mais surtout au discours ambiant, à cet orchestre qui la précède, l'épouse et la légitime.

On peut effectivement, et il faut, regarder la politique d'immigration comme un élément d'un ensemble plus général, d'un « long et lent lâchage » (aboutissant à cette droite à la fois « décomplexée » et revancharde) qui a retourné l'imaginaire collectif, guidé non plus par une idée d'émancipation mais par une idée de peur et de répression, où l'on somme chacun d'être le petit soldat de l'ordre établi. Il se trouve juste que ce genre d'imaginaire a toujours besoin d'abord d'un activateur (catalyseur), et c'est celui dont je viens de parler, cette escalade, cette surenchère à qui ira plus loin dans le rejet de l'Autre, insultes ordurières et anathèmes à l'appui sous prétexte de briser des supposés tabous, ces experts de service « à la gâchette » facile (pardon Ferré, j'use un peu de ta muse pour la pervertir) qui n'ont pas encore endossé l'uniforme mais qui en ont tous les réflexes.

Il a besoin ensuite et surtout d'un bouc émissaire, d'un qui sert de soupape de décompression, d'un point de fixation pour faire jouer du bistouri, (quatre lois sur l'immigration en cinq ans, une obsession ? Non, un point de fixation, un).

Il se trouve aussi que la figure de l'étranger (l'étranger de l'intérieur comme l'étranger de l'extérieur) étant, ici ou ailleurs, souvent désignée d'emblée et à différentes époques pour être ce bouc émissaire (agissant comme liant, comment ciment « national » identitaire, et peu importe si ce ciment est à base de larmes ou de sang, ou des deux à la fois). C'est le plus gros danger. De là à voir s'ouvrir la boîte de Pandore et ressurgir les vieux démons (ou en inventer de nouveaux), il n'y a qu'un pas…

L'affaire des tests ADN est un symbole à haute signification ; elle fait référence ni plus ni moins à la question du « sang » et on sait où ont mené ce genre de considérations de par le passé, on a vu à juste titre se scandaliser beaucoup de gens, notamment des éditorialistes et des faiseurs d'opinion, ceux-là mêmes qui essayent de nous prouver ou de se prouver à eux-mêmes (grâce à cette affaire) qu'ils ne sont pas passés avec armes et bagages de l'autre côté, il y a eu des pétitions, des coups de gueule, des appels pour l'abroger. Un palier symbolique à ne pas franchir, entendait-on.

Mais j'ose croire que cet amendement n'aurait jamais pu exister sans tout ce qui l'a précédé et lui est concomitant ; il fait partie d'une multitude de mécanismes qui contribuent tous à un même et unique processus…

L'on a vu peu de faiseurs d'opinion crier au scandale des « rafles » (le terme n'est pas de moi mais de la CIMADE Languedoc-Roussillon, organisation ô combien éloignée de toute forme de radicalisme), mot que l'on n'a plus utilisé depuis la guerre d'indépendance de l'Algérie et les rafles de 1960 et 1961 à Paris.

L'on n'a vu aucune pétition dénonçant les arrestations et le passage de bébés et d'enfants en bas âge dans des centres de rétention, de jeunes écoliers servant d'appâts (de chèvres) pour arrêter leurs parents, devant et dans les établissements scolaires, n'est-ce pas aussi un symbole à haute signification ?

Vous avez raison, cette politique, cette *époque*, a, aura une fin, mais cette fin pourrait être encore plus terrible que ce qui se passe aujourd'hui. Le processus étant bien huilé par l'encre et la parole des « experts », progressif, avançant par palier, pourquoi s'arrêterait-il en si bon chemin (à moins que…) ? Pourquoi n'irait-il pas jusqu'à une espèce de bouquet final, une espèce d'apothéose, une catastrophe pour une partie de l'humanité, si ce n'est pour toute l'humanité ?

Si l'Histoire ne nous sert pas à éviter la répétition (des catastrophes), finalement tout notre savoir, la raison et/ou la rationalité dont se réclame la civilisation actuelle, n'est en réalité qu'illusion, que poudre aux yeux, que vernis sous lequel se cache un unique et seul moteur : la loi de la jungle, la loi du plus fort, l'« arbitraire ».

Coïncidence intrigante, vu que vous évoquiez la *Lettre à lord Chandos*, je retrouve cette citation : « Les termes abstraits dont doit se servir naturellement la langue pour émettre un quelconque jugement se délitaient dans ma bouche comme des champignons pourris », qui exprime avec force quelle était la conséquence de cette tétanie dont je parlais au tout début de ce message : le délitement des mots et du sens (et qui réduit ma propre phrase pour l'exprimer à du sous-von Hofmannsthal), ce qui nous ramène à l'écriture et au doute.

Ce doute de l'écriture ou plutôt ce doute qui mène à l'écriture, ce doute qui permet d'explorer les arcanes de soi en tant qu'humain sans éluder aucune contradiction, aucune ambiguïté, aucune zone d'ombre. Ce doute salvateur, en quelque sorte, inséparable d'une forme d'impuissance et d'une forme de schize.

Je suis d'accord avec vous que toute la littérature moderne trouve son départ là, je ne suis pas si sûr qu'une partie de la littérature contemporaine ou plutôt actuelle se situe encore sur ce versant-là. Une partie de la littérature actuelle qu'on peut même appeler, sans risque de se tromper, postmoderne, doute de moins en moins, flirte parfois avec le passéisme et essaye de construire de bric et de broc des identités restreintes ou closes, sinon pourquoi la littérature française et la littérature francophone comme mode de classification ?...

Quand je dis littérature, je ne parle pas uniquement de ce qui relève du sensible mais aussi de la pensée.

(Peut-être est-ce très présomptueux de ma part de dire que je sais ce que c'est, cet éclatement du moi, traversé comme je suis par tant d'histoires et d'Histoire avec un grand H, tant de cultures, tant de ruptures, et de l'effondrement de ce qui fait le premier moi et les premiers émois, mais ça c'est une autre histoire...)

Bien sûr que sans le doute l'écriture devient plate mais ce dont on parle, le sujet de notre correspondance, c'est du « vivre ensemble » ou même du « cohabiter sans se marcher sur les pieds », peut-être est-ce pour ça qu'à la fin de votre message vous estimiez qu'il n'y avait pas assez de doute. Peut-être est-ce parce que ce mariage de l'impuissance et de la colère dont on a parlé enfante parfois un autre genre de peur, la peur non pas pour soi uniquement, la peur non pas de perdre son confort et ses privilèges, mais la peur du lendemain, la peur de l'effondrement du lendemain. En prenant toutes les précautions d'usage pour se garder de comparer des situations incomparables, il se trouve que quinze ans en arrière j'ai vu mon impuissance-colère devenir cette peur en question.

Bien à vous,

*Mourad.*

Cher Mourad

Tous mes vœux pour cette année, d'abord, et puis ensuite ceci :

Depuis le début (du projet, de la correspondance), j'ai eu des doutes, mais avant d'y plonger (dans la correspondance), je n'avais pas vraiment idée de ce qu'ils pouvaient être, de tout ce que ça allait remuer, etc. En fait, ça tient à peu près dans ce que nous avons dit dans les tout premiers mails, qu'on nous avait choisis et casés de telle manière que ça allait être forcément dur de fabriquer quelque chose qui soit réellement autre qu'un vague discours ambiant, qu'on relaie avec la bonne volonté de quiconque a de la bonne volonté (pas besoin d'être écrivain pour ça).

À relire ce que je vous ai envoyé (et là, j'ai presque envie de m'en excuser, tellement j'ai honte oui, quasi-honte de certains passages et de cette « bonne volonté », justement, qui imprègne tout, qu'on sent partout – volonté de répondre correctement à la commande, d'ailleurs, qui du coup se fiche pas mal du particulier et préfère se noyer dans le général : allez, faisons le tour de la question), je n'y vois que le devoir d'une bonne élève qui tente de rattraper l'inanité de ce qu'elle raconte par des références littéraires gentiment saupoudrées. Nos lecteurs sont en droit d'attendre autre chose.

Je ne sais pas où pourra aller ce livre, cette correspondance, mais je parierais bien l'année 2008 (qu'il vaudra vraisemblablement mieux oublier si on pense politique d'immigration) qu'il se retrouvera en bonne place là où nous ne voulons être ni vous ni moi : sur les stands des festivals et manifestations gentiment dédiés à la *francophonie*. Comme ça, tout le monde aura bien gentiment fait son travail. Si on veut vraiment s'attaquer au problème, évidemment qu'il vaut mieux (comme le propose un ami) marcher à telle date et à telle heure sur le centre de rétention de Vincennes, parce que c'est là qu'on doit montrer qu'on est là et pas sur un stand de bouquins francophones.

Autre chose : je suppose que si Éric et Nicole (à qui je ne reproche rien, sinon le manque de temps accordé) ont pensé à nous associer, c'est en partie pour une question de génération (bon, pourquoi pas) et en partie parce que j'ai écrit il y a quelques années un livre autour de/sur l'Algérie. Or, il se trouve que ce livre paraîtra *in extenso* en février. Et là, je me sens très très mal… Je me sens mal parce que cette correspondance (vous me direz que je n'avais qu'à y penser plus tôt – mais j'ai dit oui sans penser à tout ce que ça impliquait, hélas) fait le contraire de ce que construit patiemment ce livre, qui est une sorte de retour sur « notre » façon (à nous, Français), encore et toujours, de « traiter » le sujet (l'Algérie et la guerre en particulier), presque une explication de toutes les conneries officielles et intimes que ça trimballe – et donc aussi de ma propre connerie ; interrogation de la position que peut ou pas prendre la fille d'un appelé, etc., enfin vous voyez, une grosse partie de ce qui fait qu'on en est là.

Et voilà que, par le miracle de cette correspondance, je me mets à rejouer ce que ce livre s'acharne à défaire : les rôles préparés, l'Algérien d'un côté, la Française de l'autre, et hop immigration la balle au centre. Ce n'est tout simplement pas possible. Ou alors je ne sors pas le livre que j'ai mis deux ans à écrire et cinq ans avant de me décider à donner à mon éditeur, tellement c'est compliqué, cette affaire. En tout cas, faut choisir : c'est ou le livre, ou la correspondance, mais pas les deux.

On aurait dû commencer par le commencement : je lis vos livres ; vous lisez les miens, et on voit. Faudrait pas céder aux accélérations ambiantes.

J'attends votre réponse, bien entendu, mais je pense ne pas trop tarder pour dire à Nicole que j'abandonne. Vous aurez raison de m'en vouloir, mais je ne peux pas faire autrement, non, décidément.

Bien à vous, *Nathalie*

Chère Nathalie Quintane,

La première chose à laquelle j'ai pensé en recevant ce mail, c'est de répondre : je comprends votre position. C'est peut-être mieux ainsi. Cela m'arrange d'une certaine manière.

Il se trouve que quand ce mail-ci est arrivé je commençais à répondre à ton (ce tutoiement s'est imposé de lui-même, ne m'en veux pas trop) précédent avec beaucoup de retard encore une fois, primo parce que je suis lent à la détente, secundo j'ai pris en cette période de fêtes une dizaine de jours de vacance (sans s), j'en avais besoin pour une raison simple et vitale à la fois, je suis depuis un certain temps dans l'impasse avec l'écriture, il fallait que je réfléchisse.

Donc je me suis dit et, entendons-nous bien, ce n'est aucunement une tentative de te convaincre pour continuer ou finir cette correspondance (d'ailleurs, j'estime que ton message représente, si nous avions à publier nos échanges, la fin la plus appropriée, ce qui a commencé dans le doute finit dans le doute), que cette question du visible/invisible dans le réel et dans le champ médiatique pouvait être mise de côté. Elle nécessite beaucoup plus de temps de réflexion et surtout de déconstruction (peut-être aurions-nous ce temps hors champ). Temps que nous n'avons pas. Ton reproche sur le manque de temps de ce projet, je le partage sans réserve.

En revanche, je ne suis pas sûr que ce soit une question de génération d'avoir été associés à ce projet et encore moins parce que tu as écrit un « livre autour de/sur l'Algérie ». Je pense que c'est le hasard à travers des réseaux de connaissances et de relations, rien de plus.

Et c'est encore le hasard qui a présidé à la constitution de notre binôme.

Ce qui motive ma réponse, cette réponse, c'est de revenir sur mes (tes ?) doutes et mes (tes ?) contradictions, mais avant de les évoquer je voudrais m'attarder sur ce qui me semble être un malentendu. Tu as écrit : « Les rôles tout préparés, l'Algérien d'un côté, la Française de l'autre, et hop immigration la balle au centre. » Même si la métaphore footballistique me va, la balle au centre suppose que nous jouons l'un contre l'autre, ce qui, je t'avoue, ne m'a jamais effleuré.

Si les rôles ont été préparés, il me semble que les acteurs que nous sommes ne les ont pas endossés ou du moins pas entièrement. Justement, nos premiers mails fixent notre propre règle du jeu. Écrivains d'abord, le reste relève de la cartographie, et nous ne sommes pas des cartographes. En tout cas, en ce qui me concerne, c'est ma positon pas seulement depuis le début de cette correspondance puisque, avant toute appartenance (voire au détriment de toute appartenance), je revendique mon humanité, cela va de soi, cette position est problématique, elle génère beaucoup de problèmes, de doutes et de contradictions au quotidien.

Comme tu l'as évoqué dans ton premier mail, je suis effectivement arrivé en France fin 1994 (juste pour la petite histoire, j'en suis reparti début 96 pour vivre deux ans au Bénin avant d'y revenir en 1998) ; lorsqu'on me posait des questions sur ce qui se passait en Algérie, je me rendais compte que mes différentes réponses comportaient malgré leur apparente cohérence des contradictions de fond (le rapport à l'Algérie dans son Histoire, ses histoires, ses guerres, ses cultures étant complexes pas seulement pour toi mais pour moi également, peut-être que là aussi, hors champ, des choses auraient pu être échangées). Je pense qu'une autre des raisons (si raisons il y a) qui m'ont poussé vers l'écriture, c'est de (non pas résoudre mes contradictions) les faire tenir ensemble dans un même espace (pas celui d'un livre uniquement, celui de l'écriture, et par conséquence celui de ma vie). Que tu puisses éprouver des contradictions entre ton prochain livre et cette correspondance me semble tout à fait normale, ce n'est pas le même temps. Celui d'un livre où l'on construit ou plutôt déconstruit en fonction de soi et son rapport au monde dans l'intime solitude ne peut en aucun cas correspondre à celui d'un échange, quand bien même on aurait eu beaucoup plus de temps.

Je t'avoue que j'ai quand même un petit regret, ton dernier mail (qui a été l'occasion pour moi de relire tous nos précédents échanges et moi aussi j'ai eu honte de certains de mes passages alors que je n'avais rien à redire sur les tiens) mérite de mon point de vue, tout autant que nos premiers échanges qui remettent à plat la règle du jeu, de figurer dans ce projet pour relativiser les choses. Il se trouve que, sans le reste, ils ne peuvent être compréhensibles.

Quant à marcher sur le centre de rétention de Vincennes ou d'ailleurs, je suis d'accord avec toi et ton ami, cela constitue une action plus pertinente, mais nous savons, tous les deux, tous les trois, que nous serions tout au plus quelques centaines que la police disperserait sans aucune difficulté.

Je ne cherche ni à mettre une telle action en concurrence avec d'autres ni à relativiser sa pertinence, même si très peu de ces objectifs seront atteints, la machine bien huilée, en l'état actuel des choses et des mentalités, continuera à éjecter les sans-papiers par milliers. Je souligne juste que nous sommes réduits tous (ou du moins ceux conscients de l'inhumanité qui s'installe doucement et sûrement) au doute sur la portée de nos gestes. Et dans le doute, à chacun de faire ce qu'il peut. C'est l'époque du « minimum syndical » ou plutôt du « minimum humain ». C'est dans ce sens-là que je considère ma participation à ce projet, même si au final cela pourrait se traduire par « relayer avec une bonne volonté un vague discours ambiant » de refus.

D'autant plus que cela n'exclut pas l'idée de donner un coup de main à d'autres actions ou de marcher sur un centre de rétention.

Pour finir, chère Nathalie, tous mes vœux pour l'année 2008.

Bien à toi, *Mourad*

Cher Mourad,

Ce sera donc le compromis – demi-aveu d'un échec ou aveu d'un demi-échec, en ce qui me concerne.

Deux mails (le deuxième et le dernier) suffiront. Le reste : sans intérêt.

Certes, cela ne facilitera pas la compréhension, mais de toute façon je n'écris pas pour faciliter la compréhension.

Bonne année à toi aussi,

Amicalement, *Nathalie*

Pierre Le Pillouër & Sayouba Traoré

## Pierre Le Pillouër

Né en 1950 à Louhans, vit et travaille à Vallauris. Il est co-rédacteur de la revue *TXT* de 1983 à 1993 et créateur et rédacteur en chef de sitaudis, le premier site de poésie comparative depuis octobre 2001.
Nombreuses publications en revue, dans la presse et sur Internet et des lectures publiques en France et à l'étranger (Bruxelles, Genève, Parma, Berlin).
Dernières publications :
*ajouts contre jour* (Le Bleu du ciel, 2008)
*Dùas boas figuras* (Amstra n' Gallar, 2008)
*Trouver Hortense* (Virgile, 2008)

## Sayouba Traoré

Sayouba Traoré, Burkinabè, poursuit des études d'histoire diplomatique et des relations internationales à Paris, quand il devient indésirable dans son pays. « Emprisonné dehors », il est ouvrier, enseignant, puis journaliste. Poète et nouvelliste, il a reçu le prix Radio France internationale pour sa nouvelle « L'œuf » publiée dans *Le Passé postérieur*. Il a publié des nouvelles dans les recueils *Dernières nouvelles de la Françafrique* et *Dernières nouvelles du colonialisme*, (Vents d'ailleurs, 2003 et 2006). Il est également l'auteur des romans *Loin de mon village c'est la brousse* (Vents d'ailleurs, 2005) et *Les Moustaches du chat* (Vents d'ailleurs, 2007).

**A :** traoresayouba@club-internet.fr
**De :** « Pierre Le Pillouër - sitaudis.com - Rédaction »
**Sujet :** début de correspondance
**Date :** Wed, 21 Nov 2007 07:29:51 +0100

Bonjour Sayouba Traoré,
ceci est le début de notre correspondance ...
en guise de présentation, ce bricolage matinal
(d'emblée peu correct)

Ce qui met à portée (presque universelle) l'expérience spirituelle
c'est la fréquence pour
chacun (rieur ou non)
de ses démêlés avec les étages supérieurs
ET inférieurs
étages plus ou moins garnis même
Jésus à la toute fin a interpellé plus haut

Parlez-moi de vous
cordialement
*Pierre Le Pillouër*

Le 21 nov. 07 à 16:13, traoresayouba@a écrit :

Père, père...
Fils de l'homme
Droits de l'homme
Cham
« Homelette » sans droits
Fils de Cham
demi-hommes sans rois
Grands dieux
Licencieux
Trop de dieux
Proies sans croix
Noir piqué de blanches canines
Nageur perdu au milieu des flots
face noire percée de blanches vitrines
souriant au requin qui s'approche
Étages inférieurs faits d'effroi
Étages supérieurs sans foi
L'inhumaine condition qui coule

*Sayouba*

À Sayouba Traoré

on se goinfre tellement nos grandes immenses geuuuuuuuuuules
avalent des tonnes et des tombereaux et des gouffres de bouffe qu'il
faut voir le poids de nos corps
le coi de nos ports
n'est pas sans rapport

Merci Sayouba
pour cette puissante entrée en matière et en esprit
nous nions
et communions pas gnan gnan
loin du blanc au banc arrogant
j'espère car

*près de ma ville c'est la course*
idiote
Maintenant
j'aimerais recevoir un livre de vous
à mon adresse postale

et de mon côté je vous enverrai un livre
si vous me donnez votre adresse

*Pierre*

**De :** pierrelepillouer@
**Objet :**
**Date :** 23 novembre 2007 06:49:39 HNEC
**À :** Sayouba

un trou comm                    ence sur la piste
une forme
d'entrée

en piste =
p          o          ste

d'entrée
dentée
(réduction chienne)

tout est possible
même la reprise

*Pierre Le Pillouër*

**De :** traoresayouba@
**Objet :** Rép :
**Date :** 25 novembre 2007 01:39:02 HNEC
**À :** pierrelepillouer@

L'énervation
un trou
L'évasion deux trous
l'éventration
trou deux écrous
Concentration
vous trois verrous
Fièvre incantation
Nous quatre trous
Sinistre venaison
Eux quatre roues
Rage étripage sans relâche
Tours de bras écopage qui hache
Veule piroque sans âme
Invisible étrave qui clame
Triste nuage qui passe
Fauchage qui fâche, classe et lasse
Insignifiante existence qui tache
Estomac qui gargouille au milieu des flots
Sur les eaux dans le ventre des os.

De : pierrelepillouer@
Objet : Rép : Re :
Date : 25 novembre 2007 08:00:06 HNEC
À : traoresayouba@

Ecco

écho

L'énervation
un trou
O
L'évasion
deux trous
OO
l'éventration
trou deux écrous
O OO
Concentration
vous trois verrous
OOO
Fièvre incantation
Nous quatre trous
OOOO
Sinistre venaison
Eux quatre roues
OOOO
Rage étripage sans relâche
Tours de bras écopage qui hache

*se saisit-on du langage comme l'on se saisit d'une écope dans une barque prenant l'eau ?*
(Patrick Beurard-Valdoye)

Veule piroque sans âme
Invisible étrave qui clame

*jeu idiot sésame*
*insipide état qui blâme*

Triste nuage qui passe
Fauchage qui fâche, classe et lasse

*peur et désir des instantsOmélanges*
*si crus*
*en vOl de mésanges*
*mes tissages de messages*

Insignifiante existence qui tache
EstOmac qui gargouille au milieu des flOts
Sur les eaux dans le ventre des Os.

*sur l'échO dans le ventre d'échO*

**De :** traoresayouba@
**Objet :** Rép : Re : Re :
**Date :** 25 novembre 2007 21:47:20 HNEC
**À :** pierrelepillouer@

Écho?
Faible écho de nos souvenirs écossés
Écot?
Maigre écot de la fratrie désossée
Déco?
Hideux ravalement des patries affaissées
Tacots?
Guimbardes décotées
« Aurevoir la France »
« Bonjour la transe »
Clapotis lointains
Roucoulements incertains
Des États à la coopération adossés
Émigrés, frères angoissés
Amers rejetons
Immigrés, durs moignons
Aux haillons asséchés
Écœurants doublons
Des sanctuaires cassés
La France, Téton
L'Europe, Tonton

**De :** pierrelepillouer@
**Objet :**
**Date :** 26 novembre 2007 18:00:17 HNEC
**À :** traoresayouba@

un blanc out et un black
un black out et un blanc
un blanc out et un black
un black out et un blanc
un blanc out et un black
un black out et un blanc
un blanc out et un black
un black out et un blanc
un blanc out et un black
un black out et un blanc
un blanc out et un black
un black out et un blanc
un blanc out et un black
un black out et un blanc
un blanc out et un black
un black out et un blanc

Mlle A. Carroll
69 rue de l'autre côté d'ivoire
63500 Issoire
France

alicecarroll@yahoo.fr

À l'attention expresse de Sayouba Traoré.

Appel d'offres pour une assistance et conseils flivoreux.

Je me nomme Mlle A. Carroll, j'ai dix-neuf ans et j'aimerais demander conseil auprès de vous pour investir dans les produits fourgus ou autres investissements dans le cœur de vos finances (borogoves et autres…).

J'ai à mon actif $ 1800000 (un million huit cent mille dollars) que mon défunt père m'a laissés comme héritage suite à son assassinat par l'actuel le Dame de Pique qui tient la trésorerie de l'Aubagnie profonde.

Je voudrais votre assistance pour transférer cette somme dans votre verchon et vous aurez en contrepartie 20 % de la totalité de cette somme en guise de votre part pour votre assistance et aussi continuer mes études au pays de Madame Veille.

Puissiez-vous aussi, par la magie de votre verbe, guérir mes compatriotes de leur rouge trouille.

Veuillez me contacter urgemment par ma boîte à malices.

Que Dieu vous bénisse.

J'attends avec impatience votre assistance.

*Mlle A. Carroll*

De : traoresayouba@
Objet : Rép :
Date : 27 novembre 2007 10:30:58 HNEC
À : pierrelepillouer@

Chère mademoiselle carrosse qu'on caracole,

C'est une joie de recevoir cette belle proposition, avec les perspectives que cela laisse entrevoir. J'ai bien du mal à établir un compte juste. Comment calculer 20 % de zéro degré ? Comme tout mâle qui se respecte, j'ai une calculette à la place du cœur. Mais le capricieux engin est gradué seulement jusqu'à deux litres. Vous pensez bien qu'une machine calculant jusqu'à 1000 kilomètres ferait mon affaire, en la présente circonstance.

L'autre problème qui me tient à cœur, en attendant d'être tenu ailleurs, c'est que vous ne me donnez pas d'horizon sur votre personne. La hauteur des vallons, la symétrie des paires, la concavité des berges, le degré hygrométrique, le taux de montée de sève, la luminosité des angles, le balancement des poids et mesures, la quantité des queues de cerise, la tare du sac de la belle-mère, le pedigree du chien galeux, la fréquence des ondoiements de couleuvre, l'inclinaison de la voûte plantaire, l'âge du cail cédrat sur la grand-place du village, le nombre de va-et-vient nécessaires, toutes ces données me semblent indispensables, vu les conditions de pression et de température ambiante.

En espérant une prompte réponse de votre main, que je devine soyeuse, je vous prie de bien vouloir user de votre bonté relative à la croissance des nénuphars et des cris nocturnes des pintades, pour répercuter mes sereines salutations à qui sera disposé à les recevoir.

Votre très dévoué
Monsieur Bon enfant

000, rue des flatteurs qui vivent aux dépens de celui qui les écoute
Bâtiment des zozos circonflexes
7e étage sans ascenseur et sans issue de secours
Téléphone : Un million huit cent mille dollars

**De :** pierrelepillouer@
**Objet :**
**Date :** 28 novembre 2007 07:00:20 HNEC
**À :** traoresayouba@

Bonjour Sayouba Traoré,

m'étant adressée à vous avec une rigueur professionnelle, je suis surprise du ton badin, quasiment marivaudingue de votre courrier, et vous mets en garde contre toute dérive libidineuse de nos échanges : je porterai plainte et vous dénoncerai sur mon blog si vous persistez à ne pas prendre au sérieux mes propositions de travail.

Je me permets donc de vous recontacter **sérieusement** afin de vous proposer les services de notre Société d'Expulsion des Xénophiles : nous réalisons toutes sortes d'expulsions aux meilleures conditions : pose de pièges aux guichets administratifs, interventions et interpellations dans les écoles maternelles, transferts musclés en avions de ligne avec mise au pas des passagers ou apaisement avec gags décalés (formule plus onéreuse), formation à la prévention de la guérilla urbaine, animations de refoulement non freudien en 3D, communication interne, gestion d'un centre de rétention, etc.).

Indispensable assainisseur de notre pays, la SEX deviendra vite votre alliée d'autant que notre collaboration avec l'Union de la Montée Police s'effectue sans bavures.

Formidable outil de communication, elle sera incontournable dans toutes vos démarches d'amélioration continue de votre quotidien, au plus près de vos préoccupations : nettoyage ethnique de zones à risques, extinction des feux de poubelles, enrôlement dans l'armée des éléments rééducables.

Si vous avez un projet ou simplement une idée, vous pouvez me contacter en cliquant sur SEX afin de me laisser vos coordonnées. Je vous rappellerai dans les meilleurs délais pour en discuter et évaluer ensemble vos besoins.

Je suis votre interlocutrice, à votre disposition et à votre écoute pour la réalisation de votre projet.

Bien cordialement,
Pour la SEX
A. Carroll

Pour passer de l'ombre à la lumière, toute l'équipe de SEX PULSIONS est à votre écoute !

pierrelepillouer@
**Objet :**
**Date :** 30 novembre 2007 06:00:14 HNEC
**À :** traoresayouba@

france
france
france
france
france
france
france
france
france

diminuée

rance

de sa

race

**De :** traoresayouba@
**Objet :** Rép :
**Date :** 1 décembre 2007 10:25:26 HNEC
**À :** pierrelepillouer@

Cher monsieur, encore que...

Pour ma part, je n'ai pas jugé utile d'attendre une sex-pulsion. Une pulsation de neurones et j'ai choisi une délocalisation temporaire dans ce tiers-monde au classement bizarre. La pudeur empêche de dire où se trouve le premier monde. Or la logique impose de dire qui est le deuxième monde, sinon où trouve-t-on les demi-mondains ?

Je tenterai de rester en contact régulièrement à l'improviste, ou singulièrement à l'improvisé, selon les disponibilités de cybercafé où on ne sert pas la moindre goutte du dit breuvage.

*Sayouba*

**De :** pierrelepillouer@
**Objet :**
**Date :** 3 décembre 2007 06:56:02 HNEC
**À :** traoresayouba@

comme je suis pour la contamination
et récuse les fanatiques de la Purée nommée pureté
je vous adresse cher Sayouba
ces bulbes de bubbles
plantés autour de Babel
avec mon irritable babil et autre qui ne vous dit rien de bob
sinon que nos langues juBIBLent
de se connaît
re

**De :** pierrelepillouer@
**Objet :**
**Date :** 13 décembre 2007 08:03:35 HNEC
**À :** traoresayouba@

MOTS-CLÉS (moqués) AVEC INTRUS (désigné)

beauté lumière hospitalité chance désir succès éloges réussite admission gloire argent étrangers luxe calme droits volupté abondance sérénité plaisirs diriger richesses demeurer confort amour voyages s'installer tolérance bien-être accueil louanges asile élégance pouvoir espace plénitude conforme rayonnement sublime facilement agréable jouir séjourner vertus gagner divin maîtrise refuge premiers

**De :** traoresayouba@
**Objet :** Rép :
**Date :** 15 décembre 2007 14:42:53 HNEC
**À :** pierrelepillouer@

Démons des mots
Mes mots des maux
Vivre ivre
Sur les lèvres du monde.

*Sayouba*

Patrick Chatelier & Aristide Tarnagda

## Patrick Chatelier

Patrick Chatelier est né à Châteaubriant (Loire-Atlantique, France) en 1965. Il a publié deux fictions aux éditions Verticales, *Infiniment petit* et *Maternelles*, et est membre du comité de rédaction de la revue littéraire *remue.net*. Il est l'initiateur d'un projet artistique interdisciplinaire et collectif, le « Général Instin », visible dans la revue papier *Éponyme* d'Éric Pessan et en feuilleton sur remue.net, projet qu'il décline également sous forme de lectures et performances.

## Aristide Tarnagda

D'abord comédien au théâtre de la Fraternité dirigé par Jean Pierre Guingané, Aristide Tarnagda a été révélé par les Récréatrales 2004 de Ouagadougou, où sa rencontre avec Koffi Kwahulé fut déterminante. Depuis l'écriture s'est ancrée au cœur de sa vie artistique. Son texte *Alors, tue-moi*, mis en espace dans la catégorie côté cour/ jeunes auteurs des Récréatrales, en est le premier acte. D'autres textes ont suivi : *Les Larmes du ciel d'août*, *De l'amour au cimetière* (crée aux Récréatrales 2006), *On ne payera pas l'oxygène*. Ensuite *Exils 4* et *Les Patrons je les emmerde,* commandes de Èva Doumbia pour la compagnie La part du pauvre.
Lauréat 2007 du concours « Visas pour la création » de Culturesfrance, il est accueilli en résidence à Rennes par la compagnie Lumière d'août et le Théâtre national de Bretagne où il a écrit *333 millions d'arrêts cardiaques* et *Façons d'aimer*. Puis il participe en 2008 à un atelier du metteur en scène Moïse Touré sur l'œuvre de Bernard Marie Koltès où il écrit *Fragments Koltès* et se rend à São Paulo pour une résidence de recherche et d'écriture avec Èva Doumbia pour le compte de la compagnie La part du pauvre.

Cher Aristide

Ce message pour vérifier que l'adresse électronique est bonne, avant de débuter notre correspondance, puisque le sort nous a réunis. Nous ne nous connaissons pas, ne nous sommes jamais vus, n'avons pas le même âge, mais c'est avec grand plaisir et curiosité que j'envisage cet échange avec toi.

Amicalement.

*Patrick Chatelier*

Cher Patrick,

J'ai eu envie cet après-midi de débuter notre correspondance autour de la problématique épineuse de l'immigration et de toutes les interrogations qu'elle contient.

Un problème se profile tout de suite à l'horizon, par rapport à notre correspondance bien sûr : Comment éviter la spéculation autour d'un thème aussi crucial ?

Je vais donc essayer d'aborder le « phénomène » (car c'en est un aujourd'hui) de façon interrogative.

Qui parle d'immigration parle de départ, de fuite, d'abandon, de quête d'un ailleurs plus vivable que le précédent, de rupture… N'est-ce pas ?

Alors, pourquoi un homme, une femme, un enfant part-il ? Fuit-il ? Rompt-il avec son espace de vie d'antan pour aller vers un autre, souvent fantasmé, rêvé ?

Pourquoi ne parle-t-on pas de cette immigration à l'intérieur même des pays africains par exemple ? Ou des pays dits du Nord vers les pays dits du Sud ? Je pense là à ces milliers de femmes et d'hommes occidentaux qui sont installés en Afrique malgré sa basse cote.

Je ne sais pas si je suis assez clair, mais je veux évoquer par exemple les milliers de gens qui, au Burkina Faso, quittent leur village pour Ouagadougou, Bobo Dioulasso ou Koudougou…

Je veux dire aussi qu'un nombre considérable de Burkinabè sont installés définitivement en Côte d'Ivoire depuis des années, des Sénégalais au Burkina et, vice versa, des Nigérians partout en Afrique, des Français, des Libanais, des Chinois, des Anglais dans tous les pays africains.

Je constate donc que, depuis longtemps, nous ressentons tous un jour le besoin de fuir de chez nous ; parce que cela ne va pas, parce que la mer est loin, que le ciel ne pleure pas assez pour nourrir nos terres qui devraient nous nourrir à leur tour. Ou bien ce sont les guerres qui nous chassent, ou notre statut de dissident de telle politique, tel parti, tel système économique qui fait de nous des parias dans nos propres pays. Il se peut aussi que, étant nés black ou arabes, nous ayons le péché de l'exclusion, du terrorisme, de la violence, de la misère, le sentiment d'être rien bien marqués sur nos fronts ; ou, tout simplement, nous avons rencontré une femme ou un homme avec qui nous avons décidé de conjuguer nos souffles ; et peu importe l'espace dans lequel cette personne se vit. L'espace ne doit pas être un frein mais un atout, un moyen pour notre réalisation. Alors nous allons ailleurs (la France, la Belgique, l'Espagne, les États-Unis, l'Allemagne, l'Angleterre…) pour laver nos fronts, rencontrer d'autres personnes pour nous découvrir, voir l'autre comme un miroir qui nous montre nos forces et faiblesses, offrir nos potentialités là où elles sont utiles, respirer la brise de mer, voir autre chose que l'harmattan et ses avortons, et les yeux brûlants des nôtres. Existe-t-il donc un sentiment de nullité qui inhibe nos âmes, un sentiment d'être le diable, le païen, le damné tant que nos pieds foulent toujours la terre où est enfoui notre cordon ombilical ? L'Ailleurs n'est-il pas un Espoir, une espèce de seconde chance face à ce vide, ce précipice qu'est l'Ici ?

Part-on de chez soi pour une razzia, un pillage des ressources de l'Ailleurs ?

Je prendrai le cas singulier du Burkina Faso, mon pays.

Pourquoi les Burkinabè courent-ils tous vers l'Italie ?

Pourquoi nos artistes, nos auteurs finissent-ils toujours par s'installer ailleurs qu'au Burkina ?

Voilà, Patrick, pour aujourd'hui. J'attends tes réactions avec grand plaisir.

*AT*

Cher Aristide,

Tu abordes ce domaine d'une façon que je n'avais pas envisagée. Aussi, à ma manière, je vais essayer de poursuivre ce cheminement.

J'habite Paris qui est presque exclusivement une ville d'immigrants, qui sont ou non de nationalité française (je connais peu de Parisiens « de souche »). À dix-huit ans, depuis une ville minuscule de l'Ouest de la France, j'ai parcouru trois cents kilomètres qui auraient pu aussi bien être trois mille, ancrés en moi au passage de la frontière spirituelle de Paris. J'ai changé de monde, et même si la langue semblait la même, le langage était différent. Je me sentais perdu, petit, paria. Mais le geste de partir m'a offert à moi-même, parce qu'il faut un jour lâcher sa vieille peau pour ne plus se prendre les pieds dedans. Ce geste m'a inauguré en tant qu'être et il demeure une source vive. Je pense aussi qu'il joue pour moi un rôle premier dans l'écriture – d'ailleurs, depuis toujours on retrouve chez les écrivains cet acte fondateur (Beckett, Michaux, etc.). Refuser de pourrir sur place, gagner sa rédemption, s'ouvrir à la vie. C'est l'une des raisons pour lesquelles les écrivains ne peuvent rester indifférents à ce qui se passe – une autre raison étant que l'écriture est d'abord une confrontation, un dialogue, une proximité, un voyage avec et face à l'Autre, et que sans ce rapport à l'Autre, sans cet apport de l'Autre, l'acte d'écrire s'effondre sur lui-même.

Maintenant, si le geste de partir est semblable pour tous, les situations diffèrent douloureusement.

J'ai parcouru récemment un recueil de textes issus d'un atelier d'écriture, réalisés avec des adolescents sans papiers. Ces écrits sont une longue plainte, un cahier de doléances déchirant, incompréhension, révolte impossible, désarroi, panique, rage impuissante :

que peut-il rester quand une stratégie surarmée de désespérance et de peur vous désigne ? Quelles marques indélébiles subsisteront dans les esprits de ces jeunes ? Et combien de drames devront se succéder avant que les consciences se réveillent ?

Je marche dans la rue, dans ma ville, et quelque chose m'échappe. Autour de moi des gens se sentent traqués, avec raison, et je l'ignore. Mais je ne peux l'ignorer longtemps. On ne doit pas taire la terreur. Parce que ce processus, une fois enclenché, s'amplifie jusqu'à la démesure. Très vite la terreur devient la raison d'être d'un système qui s'articule autour, avec son propre vocabulaire (rétention, expulsion, refoulement...), système qui peut s'emballer, devenir fou : très vite la terreur peut devenir un but, même inavoué. Et devant ce but les foules naïves se lèveront en criant « Goaaaal »...

À très bientôt, Aristide.

*Patrick*

Patrick,

Je saisirai un mot qui est apparu dans ton mail pour essayer de mettre à nu la débilité du siècle et des hommes. Il s'agit bien entendu du mot SOUCHE.

Qu'est-ce qui fait de nous des froussards dans les coins des rues de Paris ou de Ouaga ? Des chairs qui s'effritent sous la neige, la pluie, le vent, la poussière... ? Est-on vraiment noir parce qu'on a la malédiction de Cham dans les os ? Est-on vraiment français parce que tous nos ancêtres ont leur cordon ombilical enfoui depuis des lustres dans la terre française ?

J'ai l'impression que les notions de souche, d'identité, de couleur de peau ne sont que des duperies qui cachent le vrai problème de notre monde actuel : celui des riches et des pauvres. J'ai l'impression aujourd'hui que, quand on est pauvre, on est noir, africain et cela même si on est blanc. Ce qui fait de moi un homme à part entière aujourd'hui, un homme en règle, avec des papiers et tout ce qui s'ensuit, c'est mon compte en banque, ce sont mes actions dans les différentes Bourses du monde ; ce sont mes muscles de footballeur ou de rugbyman émérite qui font la gloire des pays riches, des riches. Voilà. À mon avis, la souche et l'identité aujourd'hui ne veulent plus rien dire, elles ne sont que l'affaire des artistes, des journalistes et des intellectuels. L'identité, les règles, la souche qu'on nous sert peuvent-elles être détachées de la ploutocratie trop présente dans notre monde ?

Je suis africain, burkinabè ou tout ce que tu veux, non parce que je suis né là-bas ou que j'y habite, mais parce que je ne suis pas riche, je ne suis pas un grand auteur, je ne suis pas Zidane, Rachida Dati, Amara... Les clochards, les SDF qui dépérissent sous le froid et le mépris ne sont pas français, même s'ils sont nés en France, ne l'ont jamais quittée, ont la peau bien blanche. Ils ne sont que clochards, SDF, parce qu'ils ne remplissent pas les critères qui définissent l'homme aujourd'hui. D'où l'immigration choisie. Désormais nous ne pourrons plus obéir à la loi de la mobilité, de la rotation qui est la matrice même de la Terre et donc de tout ce qui l'habite, parce que nos poches sont trouées. Désormais les oiseaux migrateurs sont plus libres que nous. Ils peuvent bouger comme ils veulent, sans le souci des visas, de la couleur de leurs plumes ; et nous, nous serons condamnés à rester là où nous sommes, loin des pluies qui nourriraient nos terres et empêcheraient nos intestins d'être en grève permanente, loin des belles vagues des mers qui offriraient des couleurs bleues à nos yeux, les empêchant ainsi de rougir face à la poussière des rues sèches et au sable des dunes... Comme on dit en Côte d'Ivoire, « ils veulent mettre du sable dans notre attiéké ».

Donc, que l'on soit blanc ou noir, on n'échappe pas au verdict à partir du moment où l'on n'est pas élu. Sarkozy et ses élus n'ont pas besoin de visas pour venir au Burkina. Blaise Compaoré et compagnie n'ont pas besoin de visas pour venir en France. Quand on aura fini de condamner, rejeter les « Africains », les Noirs, on mettra dehors tous ceux qui n'ont rien. (À mon avis, le cas des Africains, celui des Européens de l'Est ne sont que des expérimentations, histoire de jauger la réaction des pauvres.) C'est en ce sens que les couleurs vont changer de sens : c'est-à-dire que les Blancs qui n'ont rien deviendront des Noirs, des Africains et non des Français de souche. On les parquera ensemble et on se retrouvera entre riches, possesseurs…

Et puisque tout le monde a compris que c'est l'argent qui définit notre statut d'homme, chacun déploie tous les moyens et toutes les énergies les plus « homicides » pour se remplir les poches, être puissant, échapper à la triste condamnation, à l'exclusion. Et franchement cela fait peur.

Cela fait peur de voir qu'au Burkina, tous les jours, il y a un homme qui fuit. Pas par amour pour le mouvement, la rencontre, la curiosité, l'aventure (et ceci en dépit de l'optimisme et du courage légendaires : demandez à un Burkinabè moribond comment il va…). Non. Parce qu'il cherche simplement à intégrer la classe des hommes, de celui qu'on considère comme Quelqu'un, celui qu'on voit à la télé chaque jour signer nos droits de respirer l'oxygène, de nous déplacer, de vivre tout court.

Alors, qu'est-ce qu'il faut faire, mon cher Patrick ?

Devons-nous continuer à être français, américains, burkinabè, ivoiriens, riches, pauvres, étrangers ?

Les barrières entre les hommes ne trouvent-elles pas leur source dans tout cet imbroglio de souches, ces géographies qui nous bouffent, qui cultivent nos ego, notre nationalisme ?

Si j'étais simplement Aristide et toi Patrick, serions-nous des sans-papiers, des immigrés, des étrangers, des Noirs et Blancs ?

L'identité française, burkinabé, chinoise doit-elle transcender l'identité humaine ? L'identité humaine n'est-elle pas le sourire de l'autre, son regard, ses joies, ses peines, ses idées, son amour, ses angoisses, ses souffrances, ses bonheurs…

PS : Je réponds en partie à ton interrogation en disant que nous ne pouvons pas nous taire vis-à-vis de la peur des enfants, des femmes, des hommes qui sont autour de nous. Nous ne devons pas nous taire non pas pour jouer les sauveurs de ces gens, mais simplement parce que, si nous la fermons, nous serons contaminés, parce que le virus qui s'attrape le plus rapidement du monde, c'est la peur. La peur, c'est comme le serpent et son venin : on dit que le serpent mord toujours par peur d'être mordu par lui. Donc, moi je pense qu'il ne faut pas se taire face à la peur...

*AT*

Bonjour Aristide,

Il existe selon moi un schéma installé dans les cerveaux comme dans les politiques, schéma, organisation, psychisme, dont le modèle pourrait être la ville de Bagdad telle qu'elle a été refaçonnée après la guerre : une zone « verte » surprotégée, réservée aux privilégiés, hermétique, cernée par une zone intermédiaire où les bombes explosent et où des camps sont dressés, et une troisième zone considérée comme *no man's land*, où vivent pourtant la majorité des gens. Ce modèle, qui est reproduit ailleurs et n'est pas nouveau mais s'affirme et se radicalise, ressemble à une utopie délétère, incarnation d'un rêve américain qui se serait trahi, se serait tari dans la crispation, la ségrégation, le cynisme, mais qui, comme tout rêve américain, tend à devenir universel. Comme les frontières doivent être parfaitement closes, la zone 1 ignore quasiment tout des deux autres, qui restent du domaine du virtuel, du fantasme, sensation qui alimente et huile ce schéma en réalité tout à fait artificiel. Cette compartimentation étanche produit un système idéologique « spontané » – qui n'est pas vraiment, je crois, pensé en tant que système, qui échappe à ses propres adeptes, mais devient une machine cohérente, relayée par des outils médiatiques ou économiques, machine-monstre que des apprentis sorciers croient savoir instrumentaliser.

Je crains que les problèmes sur cette terre aujourd'hui et demain, augmentation de la population, réchauffement climatique, etc., ne renforcent cette bagdadisation des esprits. Que pour certains ce renforcement, ce triomphe de la machine-monstre soit inévitable et même espéré.

D'après moi, ce n'est pas seulement un problème de riches et de pauvres, même si cela en fait partie (et les gens le vivent ainsi, oui), tout comme le pillage des ressources ou les retombées du système colonial par exemple. C'est plutôt vraiment une nouvelle donne, une matrice, l'invention d'un rapport au monde susceptible de résonner sur toute la planète, de s'articuler dans les consciences, en ignorant et tentant d'expulser une zone immense d'inconscient, avec le match reproductible Bush & Cie vs Al-Qaida & Co pour donner le tempo. Cette idéologie utilise comme rampe de lancement la destruction des Twin Towers, grandit très vite et s'installe. Comme toute idéologie, elle exploite des choses préexistantes pour se répandre, notamment les notions d'intrusion et d'identité. Elle se sert d'éléments antérieurs, elle se greffe sur la mondialisation libérale tout en la niant, car ce qui importe et importera, ce ne sera sans doute pas seulement le profit mais le statut, l'élection comme tu dis, soutenue par une spiritualité de pacotille, une pseudo-science, une raison gestionnaire dénuée de raison et certainement une nouvelle vision raciale. Elle est un renoncement, le coup de grâce infligé aux Lumières. Elle est une table rase ancrée dans les terroirs. Elle usurpe le terme « civilisation ».

On a du mal à cerner, à comprendre cette idéologie dans son ensemble et ses conséquences puisqu'elle est en train d'advenir, avec ses archaïsmes et ses nouveautés, mais elle inspire, je crois, la politique d'immigration en France et ailleurs. (Il faudrait évidemment développer toutes ces idées…)

Moi je ne sais pas vraiment ce qu'est l'identité humaine. Je crois qu'elle change, fluctue et que c'est heureux. C'est parce que l'autre est une différence que je peux le reconnaître. J'ai besoin du multiple, de l'ailleurs, de l'incertitude pour me situer. J'ai besoin de me déplacer, même sans bouger, pour tenir debout. La seule arme dont je dispose est la faculté de rester attentif, ouvert, pour demeureur moi-même un lieu de passage. Et cette capacité, ce besoin d'ouverture, je ne le reconnais pas seulement dans l'humanité : c'est le premier vecteur du vivant.

*Patrick*

Bonjour Patrick,

Je pense, moi, que l'histoire est malheureusement en train de se répéter. Pour moi la bagdadisation n'est qu'un retour de la colonisation, de l'envie de ceux qui se sont toujours considérés comme superpuissance, comme les Zorro de la planète qui ressortent des tiroirs les vieilles armes de l'instrumentalisation des mentalités, des conquêtes d'autres territoires riches en matières premières (pétrole, marché, consommateurs des produits…), corruption, crimes politiques et économiques, avec les conséquences que nous voyons aujourd'hui dans nos télés. Les pays développés sont convaincus qu'on les talonne de très près et que bientôt ils perdront leur statut, leur rang de premier, et la vie devient une course contre la montre. D'où la bagdadisation. Et pour masquer cette machine-monstre, on chante et on danse « démocratie, droits de l'homme, écologie ». Mais toutes ces musiques suaves et ces pas de danse de maestro serviront d'armes de destruction massive pour pouvoir occuper les terrains géopolitiques, géoéconomiques, géoénergétiques et « géo-toutcequetuveux ». Sans pour autant nier les vrais soucis démocratiques et écologiques que vit notre monde.

Cette bagdadisation a pour matrice la Peur qui est cultivée à chaque lever de soleil dans nos cerveaux et nos cœurs. Du coup, nous n'arrivons plus à discerner quoi que ce soit, nous ne faisons que nous taire, ou fuir, ou encourager inconsciemment ceux-là mêmes qui nous lobotomisent et nous instrumentalisent. Et la situation africaine est un exemple patent. Pourquoi les gens partent-ils de leurs pays respectifs ? Je ne veux pas revenir sur les raisons évidentes (pas très évidentes, d'ailleurs) mais je prendrai l'exemple concret de mon village (Soumagou) : c'est un tout petit village avec à peine cinq cents habitants, une école de trois classes depuis la génération de mon père, quelques puits, un petit marché, et le reste ce sont des champs que les gens cultivent pendant les saisons pluvieuses pour se nourrir ; en saison sèche, on organise les funérailles, on va rendre visite aux amis, aux parents éloignés, et les jeunes font de la culture maraîchère qu'ils vendent aux citadins.

Tout ça pour te dire que les gens ont leurs petites vies toutes tranquilles dans ce coin du monde. Qu'ils ne crèvent pas de faim, ni de soif, même si ce n'est pas si simple que ça. Mais c'est un village où tout le monde part soit en Côte d'Ivoire, soit au Gabon, soit en Italie, soit en Espagne, soit à Ouagadougou. Simplement parce que de plus en plus il y a des églises construites à des dizaines de millions, des marques de téléphone qui s'y bousculent, et des télévisions dans chaque concession, des mobylettes et des vélos chinois. On met à la poubelle leur vie d'antan et on leur impose de façon imperceptible la vie qu'on veut qu'ils aient afin de pouvoir leur vendre, les contrôler, les maîtriser. Du coup, les gens ne se sentent plus hommes tant qu'ils sont dans ce coin perdu du monde, tant qu'ils n'ont pas été voir les maisons, les hommes et les femmes qu'on leur présente à la télé tous les soirs. Du coup, dans mon village aujourd'hui, il y a de moins en moins de jeunes, ceux qui restent passent tout leur temps dans les villes environnantes et c'est donc la pagaille.

Voilà comment on essore nos villages aujourd'hui, comment on organise l'immigration sans s'en rendre compte. On s'érige en modèles, on hisse l'argent sur les cimes des mers, dans les ventres des avions, sur la crête des antennes des Samsung et des Nokia, des Coca Cola, des jeans, des 4 × 4, des vidéoclubs, et les gens battent des ailes pour les atteindre parce que désormais, sans ces « conneries », ils n'ont plus le statut d'homme. Ils ont le statut de « gaou », « en voie de développement ». Ils ne voyagent plus pour rendre visite aux parents, aux cousins, pour découvrir autre chose (sans se nier), mais recherchent les nouveaux codes de l'existence.

Le multiple, comme tu dis, est un péché aujourd'hui. Il y a un seul TGV pour tout le monde et il faut s'empresser de le prendre si on veut faire partie de l'élite, si on veut éviter la thébaïde. L'Ailleurs devient l'éden, le subjonctif plus que présent, au lieu d'être un choix, une envie, une virgule dans l'infinie ponctuation de la géographie…

*AT*

Cher Aristide,

Oui, l'histoire en partie se répète, mais je ne pense pas que ce soit jamais bon, efficace et vivant, intellectuellement, sensiblement, spirituellement, de présenter les choses comme le retour d'une situation ancienne telle que la colonisation. Cela schématise et fige les esprits, peut accentuer les malentendus, reprend l'opposition basique d'un camp contre l'autre. Je ne dis pas que cela n'existe pas, bien sûr que ça existe, je dis que se focaliser sur cet angle n'ouvre pas le champ créateur dont nous avons besoin, que face à la puissance de tels schémas l'humanité n'est plus capable d'inventer autre chose, elle se contente d'illustrer ce sinistre état de fait, encore et encore, et la peur universelle dont tu parles avec raison se renforce.

Or il faudrait qu'on invente, Aristide, qu'on invente davantage. Qu'on dresse l'invention contre la peur. Inventer dans tous les sens, dans tous les paysages, dans tous les domaines. C'est la seule réponse que nous ayons, ridicule parfois, peut-être, mais à notre portée, à notre mesure. Il faut qu'on invente en tant qu'artistes, parce que c'est notre raison d'être de bousculer le monde, sans avoir le pouvoir de le faire basculer – et peu importe nos ventes, notre influence, nos résultats notés par les audits : d'abord compte l'acte même, toujours fondateur, geste humain élémentaire, susceptible de lancer d'autres actes et de percuter avec eux. Il faut qu'on agisse dans une frénésie inventive, explosive, inespérée. Il faut qu'on abouche nos inventions, qu'on les greffe, qu'on les combine, qu'on en fasse une machine capable de mordre la machine-monstre. Car l'adversaire ne nous attend pas, lui, pour former ses concepts de guerre de civilisations et autres eldorados en toc. Il faut qu'on invente des idées, des formulations, des images, des visions, des vies nouvelles. Qu'on invente trop, outrageusement, dangereusement, maladroitement, pour ne pas plier sous les inventions nocives. Invention contre invention et le monde fonctionne, le monde devient monde. Toute création véritable est un engagement.

Ceci, puisque c'est un engagement à notre niveau d'artistes, fait écho à tous les autres niveaux. Mais encore faut-il s'inventer un regard pour distinguer cette « réalité », cette cohérence !

Pour finir, je te propose une petite farce amère que l'on pourrait continuer…

En ce début d'année 2008, il s'agit, mon cher collègue, de faire un point nécessaire sur les flux migratoires entre nos deux continents. Nos services du dehors et du dedans, chapeautés par la principauté européenne du *in* et du *off*, ont défini comme tu le sais des quotas qui ont pour but l'excellence sans jamais l'atteindre, par définition, mais qui s'approchent de plus en plus du nombre d'or managérial. Aussi, pour l'année 2008, voici un extrait de notre carnet de commandes : nous aurions besoin de 4508 bras droits (mais pas de gauches), de 2232 hommes de main (peu importe laquelle), avec un rapport force de travail/volume musculaire > 1,25 (en progression de 0,2). Si ces hommes de main sont mariés à de petites mains, nous les accepterons dans la limite d'1/3, dans un geste de bienveillance humanitaire, sachant que nos besoins objectifs se limitent à 1/4, mais nous pourrions aussi transformer subrepticement ces petites mains en opératrices de trottoir. Nous sommes également preneurs de 86,5 têtes chercheuses (hé oui, cette année les quotas ont été divisés par deux, débrouillez-vous avec la moitié de dernière tête) mais, petit à petit, la tendance est là, nous ne voudrons plus nous encombrer des corps : nous pourrions imaginer, en collaboration avec vos propres services, une fuite des cerveaux en accueillant seulement les cerveaux, qui seraient conditionnés par nos soins et conservés dans une sorte de nouvelle Silicon Valley, et en laissant les corps dans leur village d'origine qui les a façonnés depuis des millénaires et où ils pourront comme des zombis errer à loisir.

Tout cela, bien sûr, saupoudré de tintinnabulantes contreparties…

À bientôt j'espère,

*Patrick*

Patrick,

Me voici de retour au Burkina. Et, inévitablement, les questions par rapport à la problématique que nous abordons en ce moment ne cessent de pleuvoir, comme si les nuages de nos cieux ne vomissaient plus que du partir, du fiche impérativement le camp d'ici... et c'est là que lire ton mail m'a redonné de l'oxygène, une espèce de parapluie tissé par tes mots, qui me permettent d'espérer, de redonner du sens...

Je suis d'accord avec toi qu'il ne faut pas reconvoquer, réexhiber des stupidités comme la colonisation (même si je suis contre le décret de leur mise à la poubelle) pour les raisons que tu cites déjà, et je ne vais pas revenir là-dessus.

Il faut, comme tu l'as dit, une action, une pensée, un mouvement d'idées qui seront en quelque sorte des pare-chocs contre ce que l'on nous envoie quotidiennement.

Mais, dans des pays comme le mien, où créer est quasiment impossible (pas parce qu'on n'a pas les idées mais parce que l'économique noie et étouffe tout, parce que les créateurs eux-mêmes ne se soucient pas de ceux dont nous parlons), les choses me semblent inextricables et je me pose des foules de questions sans aucune réponse véritable.

Du coup je me dis qu'il faudrait dès maintenant agir, penser, accoucher des idées ensemble, de façon très unie si nous voulons voir les murs s'écrouler, le soleil continuer à se lever.

Parce que je n'arrête pas de me dire que ce que nous faisons a déjà été fait depuis longtemps et que nous nous répétons, comme tu le dis. Et pourquoi ? Parce que nos mouvements, nos actes, nos idées ont été isolés. En fait, nous avons cru qu'ils étaient isolés, alors qu'ils sont créés par les mêmes hommes qui se liguent de par le monde, à travers tous les réseaux que nous connaissons. En clair, les journalistes maliens devraient être dans les rues de Bamako quand Zongo se fait brûler au Burkina, quand les étudiants sont chosifiés ; ceux du Burkina devraient être dehors lorsque les élections sont truquées partout en Afrique ou en Russie ; on ne devrait pas se contenter d'en parler à la télé ou sur RFI, ou de critiquer Sarkozy qui félicite Poutine (même si c'est déjà ça), mais notre action, notre mouvement devrait consister à nous mettre tous dans la rue pour crier notre haro.

La vraie idée, la vraie pensée sous-entend qu'il n'y a pas un problème français isolé, un problème russe, un problème nigérian isolés, mais une chair humaine rongée quotidiennement, des droits humains bafoués tous les jours, des papiers qui déterminent le droit à certaines personnes de profiter de l'oxygène que la nature nous offre, un nationalisme crétin, une identité préfabriquée que l'on utilise pour nous masquer le visage. Puisque nous avons conscience, donc, que c'est l'humain, l'autre, le frère et la sœur, qui est victime de toutes ces monstruosités, nous avons le devoir moral et humain de ne pas juste en faire des commentaires, des bouquins, des conférences (encore une fois, je ne récuse pas l'importance de tout cela), mais de nous lever avec ceux qui sont lésés pour crier haut et fort que nous n'en pouvons plus qu'on se moque si scandaleusement de l'Homme.

Il faut donc créer, penser, agir et copieusement, mais maintenant il ne faudrait plus que ce soit isolé, morcelé ; cela doit obéir à cette nécessité de l'Unité.

C'est pourquoi je te remercie vivement d'avoir partagé ces moments de correspondance avec moi, je me suis bien nourri de tes idées qui m'ouvrent d'autres pensées, d'autres perspectives pour parler de cette crise que nous vivons avec les gens qui sont autour de moi.

J'espère que nous pourrons continuer à nous donner des nouvelles et échanger nos points de vue.

*AT*

Sonia Chiambretto & Gustave Akakpo

## Sonia Chiambretto

Sonia Chiambretto vit à Manosque. Elle travaille sur le recueil de témoignages, de traversées européennes, de passages aux frontières, de diverses communautés en lien avec la guerre et l'exil.
Elle écrit *CHTO Interdit aux moins de 15 ans* (Inventaire/Invention, 2006) diffusé sur France Culture et sélectionné par le festival d'Avignon dans le cadre de « Auteurs en scène », 2007. *12 Sœurs slovaques* (Inventaire/Invention, 2007), *Mon Képi Blanc* (Inventaire/Invention, 2007). Ses textes sont créés pour la scène par Hubert Colas et sont représentés en Italie, en Allemagne, en Belgique, en France. Elle est également l'auteur de *Une Petite Randonnée (P.R.)*, 2006, de *Zone Éducation Prioritaire*, 2007 et d'un texte de commande sur Berlin, 2008.
Elle publie dans les revues poétiques *Action Poétique, IF, Épisodes.*

## Gustave Akakpo

Gustave Akakpo, né en 1974 au Togo, il est auteur, illustrateur, comédien, conteur et animateur culturel. Il assure la vice-présidence de l'association togolaise Escale d'écritures. Il a participé à plusieurs résidences au Togo, en France, en Belgique, en Tunisie et en Syrie et anime de son côté des ateliers d'écriture au Togo, dans la Caraïbe et en France avec, notamment, une forte implication en milieu carcéral. Lauréat de nombreux prix comme le prix junior Plumes togolaises, le prix SACD de la dramaturgie francophone pour sa pièce *La Mère trop tôt* (Lansman éditeur, 2004), le prix d'écriture théâtrale de Guérande 2006 pour sa pièce *À petites pierres* (Lansman éditeur, 2005), et le prix Sorcières pour son roman pour préadolescent *Le Petit Monde merveilleux* (Grasset, 2007). Ses textes sont joués au Togo, Mali, Burkina Faso, Bénin, en France, Belgique et Italie.

(Extraits.)

**Date** : 20 novembre 2007 21:48

Bonsoir Gustave,
pas facile de commencer… Où êtes-vous ?
*Sonia*

**Date** : 22 novembre 2007 14:28

Bonjour Sonia,

Je suis actuellement en France pour une durée de deux mois. Et vous ?

Il est difficile de commencer en effet. Mais j'ai envie de me lancer, sur une phrase que j'entends souvent : *On ne peut demander à la France d'accueillir toute la misère du monde.*

*Gustave*

**Date** : 26 novembre 2007 19:49

Bonjour Gustave,

D'accord, la France ne peut pas accueillir toute la misère du monde, en revanche les richesses, elle peut ! Un ami, journaliste à Alger, me racontait comment la mafia algéroise, par exemple, n'avait pas de soucis avec ses papiers à Paris. Elle s'installe, investit et *tutti quanti*.

La France ne peut pas accueillir TOUTE la misère du MONDE.

Il y a donc la France et le Monde…

Cette phrase est pleine de bon sens, c'est foudroyant le bon sens.

Le mécanisme reste le même, on cherche l'origine des maux, les étrangers (si peu nombreux en réalité, n'est-ce pas ?) sont montrés du doigt, les étrangers comme boucs émissaires et la chasse est ouverte COMME À CHAQUE FOIS !

À toi Gustave

**Date** : 3 décembre 2007 21:35

Cher Gustave,

Hier, j'étais gare Montparnasse à Paris.

Debout sur le quai, j'attendais le signal pour monter dans ma voiture (15), quand j'ai vu un groupe d'hommes (la police) armés courir au bord de la voie.

En quelques minutes, le groupe s'est déployé. Ils parlaient fort, criaient, une mission dangereuse.

Ils (la police) sont montés dans les voitures du train, ils sont redescendus dans le même élan et en poussant devant eux plusieurs personnes.

De la voiture 15, c'est une jeune femme qui est descendue, menue, silencieuse.

Ces hommes l'ont emmenée.

Je n'ai RIEN dit. Je suis montée dans le train.

Depuis je ne cesse d'y penser… surtout à cette femme.

W. G. Sebald cite Stanislas Lem dans *De la destruction comme élément de l'histoire naturelle* : « L'élimination comme procédé est le réflexe de défense de tout expert. »

Je n'ai pas de nouvelles de toi, peut-être es-tu trop occupé ou bien cette correspondance t'embarrasse. Essayons encore, tu veux bien ?

Bien à toi,

*Sonia*

Date : 4 décembre 2007 12:15

Bonjour Sonia,

Non, cette correspondance ne m'embarrasse pas. J'étais juste pris par la course folle des jours. Il est vrai aussi que je traverse, dans ma vie personnelle, une période un peu dure, séparation… J'étais dans une relation amoureuse avec une Française blanche. Une fois, le père de mon ex lui a dit : « Tu tuerais ta pauvre mère, si tu lui fais un métis. » C'est vrai, sous tous les cieux, l'autre a toujours fait peur. Ce qui me fait peur, à moi, c'est que, dans ce siècle qui ne peut être que métissé vu tous les échanges que permettent nos grands moyens de communication, le repli identitaire se banalise : concept de l'ivoirité en Côte d'Ivoire, ministère de l'Immigration, de l'Intégration et de l'Identité en France. Un bon immigré, c'est celui qui se désintègre, puis s'intègre dans l'identité nationale ! À quand l'ère des clones ?

L'étranger devient une herbe qu'on broute pendant les périodes de vache maigre. Quel drôle de siècle, où nous disposons de formidables moyens de communication, et pourtant nous communiquons si peu, nous nous cannibalisons plutôt. Pour beaucoup de gens en Europe, l'Afrique est l'îlot de misère que présentent les médias et, pour beaucoup d'Africains, l'Occident c'est le paradis promis que montrent ces mêmes médias. Tu disais très justement dans un précédent mail qu'il est plus facile pour la France d'accueillir la richesse du monde que la misère. C'est certain, avec une carte de crédit bien garnie, on circule mieux. Et quand des industries françaises, genre Total, pressurent la terre d'Afrique, la France ouvre grand les bras pour accueillir cette richesse-là. C'est aussi ça, l'immigration choisie, il paraît que c'est dans l'air du temps. Et il ne sert à rien de partager cette richesse avec les populations vivant sur ces terres exploitées. Il suffit de mouiller la barbe d'une minorité appartenant à la classe dirigeante africaine qui, elle, n'a aucun souci pour circuler. Le hic, c'est quand ceux qui broutent la misère se mettent en tête d'aller chercher leur part de gâteau. Stop, vous n'êtes pas dans le paquet d'immigration choisie.

La semaine dernière, je suivais sur la 6 une émission sur l'immigration. Un chef d'entreprise qui employait, à son insu, des travailleurs clandestins était obligé de les licencier. (Entre parenthèses, ces travailleurs cotisaient pour des avantages sociaux dont ils ne bénéficieront jamais.) L'employeur disait que, même si ces employés n'avaient pas de papiers, ils faisaient leur boulot correctement et, surtout, dans son domaine d'activité, il n'y avait pas beaucoup de Français qui acceptaient ce genre de travail. Alors, pourquoi ne pas donner leurs papiers à ces gens-là ? Pas question, a dit Brice Hortefeux, il vaut mieux proposer ce genre de travail aux immigrés qui ont les papiers. Le journaliste a réagi : il existerait donc une catégorie de travail pour une catégorie de citoyens !

Je pense à la femme que tu as vue. Non, elle ne faisait sans doute pas partie de la bonne catégorie. Mais de quoi nous plaignons-nous ? En Occident, au moins, pour évacuer les étrangers, on utilise des méthodes « civilisées » (arrestation, déportation, tiens, un mot qui sonne un peu comme Auschwitz), ce n'est pas comme au Rwanda où cela se passe à la machette. Dans quelques siècles, l'humanité jugera peut-être criminel de réexpédier « chez eux » des gens qui ne demandent qu'à vivre mieux, alors même que « chez eux » la misère qui rampe est en partie due à ceux qui les renvoient à la « case départ ». Nous n'en sommes pas encore là.

Bien à toi, Sonia.

*Gustave*

**Date** : 20 novembre 2007 21:48

Bonjour Gustave,

j'imagine la police française courir dans les gares avec des machettes, oh le désordre !

Mais nous sommes bien organisés, nous avons aujourd'hui (comme tu me l'as écrit) : un ministère de l'Immigration, de l'Intégration et de l'Identité en France.

Immigration – Identité nationale BOUM !

L'identité nationale serait bel et bien menacée par les immigrés, les étrangers.

On institutionnalise la paranoïa.

On exacerbe (par ne serait-ce que l'existence même de ce ministère) les sentiments d'insécurité qui minent la France.

On légitime l'humiliation.

Il y a quelques années, j'entendais : « Je ne suis pas raciste mais j'aime pas les… »

Aujourd'hui ON dit : « Je suis raciste parce que… »

Tu écris : *Un bon immigré, c'est celui qui se désintègre, puis s'intègre dans l'identité nationale !*

Moi, je pense que, aujourd'hui, un bon immigré est celui qui se désintègre tout court !

Mais tout ça, ce qu'on se raconte, c'est le *speech*, c'est ce qu'on pense tous, n'est-ce pas ?

(TOUS = nous qui nous entendons), nous savons bien qu'il faut répéter et répéter et répéter et répéter et RÉPÉTER et RÉPÉTER et **RÉPÉTER**, mais nos discours restent cantonnés.

L'expression de nos pensées, de nos idées, facilement digérée par le système, est folklorisée, NOUS SOMMES FOLKLORISÉS.

Je suis désolée pour toi, Gustave, pour cette histoire amoureuse en proie au racisme et aux impossibilités. Je trouve extrêmement violent de dire « Tu tuerais ta pauvre mère, si tu lui fais un métis. » Elle ne ferait pas un enfant, elle ferait un métis.

Je suis moi-même enfant d'un couple « mixte », beurk, qui n'a pas résisté aux questions du racisme.

À très vite,

Sonia

**Date** : 7 décembre 2007 12:52

Chère Sonia,

C'est terrible, ce que tu dis : « Nous répétons, répétons, mais le système digère tout cela, nous sommes folklorisés. » C'est terrible parce que c'est vrai. Comment faire ? Faire péter ? Oui, il y en a qui choisissent de tout faire péter. D'autres, comme Sony Labou Tansi, préfèrent « péter plus haut que le pet du monde ». Mais voilà, il y a le folklore, ça gâche tout. Et notre correspondance, est-ce du folklore ?

À toi

PS. Je t'envoie deux tableaux que j'ai peints.

**Date** : 7 décembre 2007 15:42

Oui, bien sûr, Gustave, c'est du folklore.

C'est du folklore mais on s'en fiche, n'est-ce pas ? Et ça, ça (ré)PÈTE !

J'adore ces tableaux que tu as peints : Nature morte – Nature vive. Tu en as d'autres ?

En échange une histoire : Nature vive – Nature morte.

*Histoire 1 : Nature morte*

À Digne – la ville où j'habitais, une sorte de bras de ville échoué. Pendant l'année de l'Algérie, juste avant celle de la Chine, ah non, ça c'est après… La bibliothèque a organisé une *journée de l'Algérie*. J'animais un atelier d'écriture avec des enfants, nous sommes donc allés avec des magnétophones dans cette bibliothèque.

JOURNÉE DE L'ALGÉRIE (ou journée postcoloniale)

Des femmes (uniquement) en vieilles robes traditionnelles élimées devant des plateaux de cornes de gazelle et des bols de henné.

Les enfants (avec le magnéto) – *Bonjour, pouvez-vous nous parler de l'Algérie ?*

Une (Française) Algérienne, identifiée par sa robe traditionnelle (usée) :

– L'Algérie (silence) heu (silence), c'est que je n'y suis jamais allée, je suis marocaine !

Les enfants (avec le magnéto) à la bibliothécaire : *Madame, vous avez dit que les dames avec les plateaux étaient d'origine algérienne, elles sont marocaines ?!!*

La bibliothécaire : *Je sais, je sais, je suis désolée, mais il n'y avait pas d'Algériennes libres aujourd'hui et…*

Histoire 2 : Nature vive

CARTE POLICE PASSEPORT VISA POLICE PASSEPORT VISA CARTE POLICE PASSEPORT VISA CARTE POLICE PASSEPORT VISA TE POLICE PASSEPORT VISA CARTE POLICE PASSEPORT VISA CAR CARTE POLICE PASSEPORT VISA TE POLICE PASSEPORT VISA CARTE POLICE PASSEPORT VISA CAR CARTE POLICE PASSEPORT VISA POLICE PASSEPORT VISA CARTE POLICE ***PAF*** PASSEPORT VISA CAR CARTE POLICE PASSEPORT VISA POLICE PASSEPORT VISA CARTE POLICE PASSEPORT VISA CARTE CARTE POLICE PASSEPORT VISA POLICE PASSEPORT VISA CARTE POLICE PASSEPORT VISA CAR CARTE POLICE PASSEPORT VISA TE POLICE PASSEPORT VISA CARTE POLICE PASSEPORT VISA CARTE CARTE POLICE PASSEPORT VISA POLICE PASSEPORT VISA CARTE POLICE PASSEPORT VISA PASSEPORT VISA PASSEPORT POLICE FRONTIÈRE PASSEPORT POLICE VISA CARTE VISA CARTE POLICE VISA CARTE POLICE

*Sonia*

**Date :** 10 décembre 2007 16:44

C'est pas la pleine forme, avec ce temps. Le soleil du Togo me manque. Tu n'aurais pas un plan, genre «billet gratuit pour le Togo» ? Je suis bête; il suffirait que je me déclare sans-papiers pour voyager aux frais de la princesse.

Ça me trotte dans la tête, ton histoire de folklore.

*G*

**Date :** 10 décembre 2007 17:01

Il fait très froid ici aussi. Un temps glacé. Moi aussi ça me trotte dans la tête, depuis, mes histoires de folklore.

C'est étrange, cette correspondance, non?

*S*

**Date :** 11 décembre 2007 17:15

Cher Gustave,

C'est terrible, deux attentats ce matin à Alger, dont un perpétré dans un bus d'étudiants, c'est terrible. Pardon d'écrire une si mauvaise nouvelle mais de là j'entends la terreur...

*S*

**Date :** 12 décembre 2007 13:36

Bonjour Sonia,

Désolé, mais je n'ai pas pu te répondre hier, quelques microbes à gérer, plus une soirée festive que j'ai casée malgré mon état. Mais aujourd'hui, le soleil est de retour, la santé aussi!

À mon avis, ce qui est dur dans cette correspondance, c'est de se dire : «Je n'ai pas envie de parler de choses convenues sur un thème donné, j'ai envie de rencontrer un être de chair et de sang à l'autre bout du réseau. » Je n'arrive pas à la concevoir comme un forum où on se partage des idées, parce que, à l'autre bout, il y a toi, Sonia, et Sonia c'est pas une idée. J'ai envie de savoir : « Qui est Sonia ? » Mais là, on sort du cadre. Le cadre, c'est du folklore. Tu vois, tu m'as contaminé avec ton histoire de folklore. Finalement, c'est peut-être cela qui importe : qu'on se contamine. Moi, je n'aime pas l'idée qu'on ne serve qu'à faire du folklore, l'impression de ne pas être plus que du boulot dodo. Au Togo, le système n'a pas prévu de place pour la parole artistique. Du coup, quand elle arrive, elle sème quand même un peu le bazar. Je te raconte une petite anecdote. C'était il y a cinq ans. Richard, un ami auteur et metteur en scène, écrit une pièce sur la corruption au sein de l'armée et de la police. Le directeur de la télévision nationale invite la troupe à venir enregistrer la pièce sur le plateau de la télé.

Tout se passe bien, la troupe est contente, le directeur aussi. Mais, à leur sortie, les comédiens et comédiennes sont embarqués par l'armée, direction passage à tabac ! Quelques mois plus tard, une nuit, je tombe sur un contrôle militaire. Pas de bol, je n'ai pas mes papiers d'identité, je n'ai pas non plus les « papiers qu'on mange ». En bon comédien, il me reste la tchatche. Alors je caquette un bon moment et finalement un militaire me demande quel est mon métier. Je lui dis « auteur et comédien ». « Ah si c'est quelqu'un du théâtre, s'écrie un de ses collègues, il faut le laisser partir, parce que si on lui fait quelque chose, il va écrire sur nous, comme l'autre, là, comment il s'appelle déjà… Richard ! » Et ils m'ont laissé partir. Ça, c'est pas du folklore tout de même, non !

**Date** : 12 décembre 2007 19:22

Bonsoir Gustave,

C'est à mon tour d'être attaquée par les microbes…

Après cette journée à ne rien faire, demain je t'écrirai.

Bien à toi,

*Sonia*

PS. Décidément, j'aime beaucoup tes tableaux et j'aime beaucoup aussi ta façon de raconter les histoires.

**Date** : 13 décembre 2007 10:20

Bonjour Sonia,

Comment vas-tu ce matin ? Es-tu arrivée à négocier un cessez-le-feu avec tes hôtes (les gentils microbes) ? Chez moi, ils vont, ils viennent, ils ne se gênent pas. Ils se moquent de mes frontières corporelles et, en plus, ils n'ont même pas leur visa ! Il faudrait que je les fasse expulser. Qu'est-ce qu'il fabrique, mon ministre de l'Intérieur ? Je veux des chiffres !

Certains disent que le rôle des microbes et de tout corps étranger est de révéler les défaillances de notre propre système. À l'intérieur de toutes les frontières humaines, c'est lorsque cela va mal qu'on darde le regard sur l'étranger. Sur ces réflexions optimistes, je te rends la parole.

Bien à toi,

*Gustave*

**Date** : 13 décembre 2007 20:32

Bonsoir Gustave,

Je suis encore au fond de mon lit, avec des colonnes entières de microbes qui cherchent l'Eldorado…

RAFLES

INTERNEMENT

RÉTENTION

DÉPORTATION

Voilà ! cher Gustave, je vais manger du chocolat et je retourne dans mon lit avec mon aspirine.

Mais demain je m'aventure à écrire.

À demain,

*Sonia*

**Date :** 17 décembre 2007 8:56

Sonia, bonjour,

Comment vas-tu ? Je vais finir par en vouloir atrocement à ces microbes qui me privent de tes mots. Allez ouste, microbes, rendez-moi Sonia !

J'avoue que je m'inquiète. L'état de ta santé s'est-il aggravé ? Amicalement,

*Gustave*

**Date :** 17 décembre 2007 10:04

Pardon Gustave,

Je ne t'ai pas donné de mes nouvelles, je suis guérie, bien sûr. Je ne t'ai pas oublié et c'est à mon tour de t'écrire, n'est-ce pas ?

Dans un entretien tu dis :

*Cette pièce ne nourrit pas l'ambition de tourner autour de mon nombril. Je pense que ma situation est semblable à celle de nombre de jeunes Africains nés dans cette Afrique-là qui ne sait capter l'attention des médias mondiaux qu'à travers ses interminables conflits, ses misères, ses crève-la-faim qui s'en vont noyer leurs rêves sur le littoral européen; cette Afrique qu'on dit toujours en émergence. Je ne veux plus être en émergence; j'émerge et je définis mon quota de respiration.*

Plus que ce forum où on se partage des idées, il y a ta présence en France, tes pièces et ce que tu dis.

Nous ne nous sommes jamais rencontrés, je me demande pourquoi.

Pourquoi, chez mes amis écrivains, artistes (avec qui je fais la fête souvent, avec qui j'échange sur la politique, la littérature...) ou bien dans les lieux culturels où je vais lire, où je vais travailler, je ne rencontre jamais d'écrivains africains vivant en France ?

Par exemple, les écrivains ou artistes venant des pays du Maghreb et qui habitent en France, je les rencontre seulement dans des espaces culturels dits « militants ».

Aussi, dans les festivals littéraires français, dans leur programmation, il semble qu'ils définissent une sorte de quota de « littérature francophone ».

Comment ça circule, tout ça ?

**Date** : 20 décembre 2007 12:017

Chère Sonia,

C'est normal que tu ne puisses pas rencontrer les artistes africains vivant en France dans les milieux habituels, tout simplement parce que ces artistes-là n'ont pas réussi leur test ADN pour le regroupement familial. Non, je plaisante. Un peu. À peine. Tu parles à juste titre de quota francophone. Il y a même des artistes français dont les parents sont d'origine africaine qui sont catalogués dans la case francophone ou africaine alors que, de l'Afrique, ils ne savent pas grand-chose. Des lieux militants existent et ils ont le mérite de faire entendre des voix d'ailleurs. Des lieux comme le Tarmac de La Villette, le Festival des francophonies sont des vitrines sur le monde francophone et ils ont pour rôle de servir de passerelles, de portes d'entrée du monde francophone sur la scène française. Le problème se pose lorsque les spectacles, les artistes francophones finissent par ne tourner que dans ces lieux-là, un peu comme à la périphérie. En termes d'ouverture sur le monde, il faut croire que la plupart des programmateurs ne voient pas plus loin que l'Europe. La France manque cruellement de curiosité dans son ouverture au monde. Prends les livres par exemple : bon nombre de lecteurs français ne vont s'intéresser à un auteur africain que parce qu'ils s'intéressent d'abord à l'Afrique. Comme si l'artiste doit être une sorte de cliché de son origine. Alors que, au fond, ce qui importe c'est l'Homme. C'est terrible qu'on ne puisse pas concevoir l'autre comme un être humain au même titre que soi, que l'autre ne soit qu'une case. Mais bien sûr, des cases, il en existe partout et c'est pratique pour ranger. Être femme, c'est par exemple une case. Toi, par exemple, à la différence de moi, tu peux être invitée à un festival genre « Écritures de femmes ».

En tant qu'artiste, il y a des lieux, des événements auxquels j'ai pu avoir accès parce que j'étais dans la case « Afrique ». Par exemple, il y a les écritures d'Afrique au théâtre du Vieux-Colombier. Le problème, c'est lorsque cette case de départ (nous avons tous plusieurs cases de départ) devient une case d'arrivée. On vous dit : « Stop, voici les frontières où l'on a décidé de vous cantonner et mettez-le-vous bien dans le crâne ! » Ça ne m'intéresse pas de devenir abonné aux écritures d'Afrique, fût-ce à la Comédie-Française. Ce qui me plaît, c'est que cette manifestation devienne un lieu de rencontre entre moi et un programmateur qui va m'inviter non plus dans la case « Afrique », mais tout simplement en tant que Gustave Akakpo. C'est ce qui s'est passé avec la Comédie de Saint-Étienne, avec le Théâtre national de Caen. Les choses bougent. J'ai bon espoir que toi et moi on se croise dans un milieu non militant.

Dans combien d'années ? J'espère, plus tôt que je ne le crois.

*Gustave*

Date : 29 décembre 2007 17:46

Cher Gustave,

Je reprends mais c'est pas gagné ! Tout me semble « déréalisé », le format de cette correspondance ?!

Si la littérature française fait partie de l'espace « littérature francophone », je remarque (en France) un démarquage, un clivage, une scission, une étanchéité : littérature française/littérature francophone.

La littérature francophone est souvent reléguée à la périphérie de la littérature française. [Tu dis : (...) *Le problème se pose lorsque les spectacles, les artistes francophones finissent par ne tourner que dans ces lieux-là, un peu comme à la périphérie.*]

Quelqu'un parlait de *littérature des marges.*

La circulation en France des œuvres et de leurs auteurs ?

Écrivains, artistes francophones « étrangers », non français, avec ou sans papiers, écrivains francophones de nationalité française.

J'ai lu qu'un écrivain algérien n'avait pas été invité dans un salon (en France) de la francophonie parce que l'Algérie n'était pas membre de l'Organisation internationale de la francophonie (OIF) (PAPIERS).

Les organisateurs d'un salon consacré aux littératures francophones n'ont pas invité d'écrivains français francophones (la France est pourtant membre de l'OIF) parce que, et avec de bonnes intentions, ils souhaitaient donner à entendre des voix/voies d'ailleurs.

(GHETTO).

Tu dis : [...] *un bon nombre de lecteurs français ne vont s'intéresser à un auteur africain que parce qu'ils s'intéressent d'abord à l'Afrique.* Je ne crois pas me tromper en rajoutant qu'en France il existe des collections littéraires dans lesquelles ne figurent que des écrivains africains francophones (SÉPARATION).

Tu dis : *Comme si l'artiste doit être une sorte de cliché de son origine.* J'ai l'impression que les institutions de la francophonie chérissent souvent des auteurs qui donnent une lecture de leur pays d'origine conforme à celle véhiculée par les médias, ces mêmes médias qui excitent leurs auditeurs en ne leur parlant que de guerres, de famines, de la désolation *des pays en voie d'émergence.*

Médias qui rendent l'Afrique famélique et « dangereuse » pour l'Occident.

Cette Afrique qui vient s'installer en France au risque de nuire à l'identité nationale de ce pays.

Ces mêmes institutions (francophones) qui recherchent l'exotisme dans la langue « française ».

Mais le concept de « francophonie » en France a un fort accent colonial, une sorte de paternalisme culturel, n'est-il pas aussi un concept d'arrière-garde ?

Certaines institutions de la francophonie (en France) ne célèbrent-elles pas une langue française-vestige ?

N'attendent-elles pas des auteurs francophones de pays étrangers qu'ils s'appliquent, en bons sujets, à défendre cette « bonne » langue française (surenchère) ?

Ouf ! Je transpire.

Je plonge dans la grande soupe aux lieux communs (je sais nager !).

Pour la petite histoire, dans la bibliothèque de la ville où je vis, mes livres sont classés dans le rayon « Littérature régionale » à côté d'un livre de cuisine provençale !

À toi, Gustave,

*Sonia*

Bonjour Sonia,

Je n'étais pas au rendez-vous d'hier. Là, je suis devant l'ordinateur, mais je bosse à mort. Mais on peut se donner rendez-vous demain matin à 10 heures pour faire le point. Qu'en penses-tu ?

Sonia ?

Allô ? Sonia ? Allô ? Pas de tonalité ! La ligne est terriblement silencieuse. Il y a un proverbe africain qui dit : « Si ta parole n'est pas plus belle que le silence, tais-toi. »

Mais toi, ta parole m'intéresse. Alors j'en veux un peu à ce silence. À toi…

Gustave

Jean-Baptiste Adjibi & Pierre Ménard

# Abécédaire des prépositions

### Jean-Baptiste Adjibi

Jean-Baptiste Adjibi est né à Porto-Novo au Bénin. Professeur de Lettres dans l'Académie de Versailles, il a déjà enjambé différentes sortes de frontières. Les territoriales bien sûr. Les littéraires aussi : l'écriture (poésie, roman), la traduction, l'édition, la critique. Il est dans l'entre-deux, comme tant de gens, tel un fils ou une fille de sans-papiers, disloqué entre le baccalauréat à décrocher et le blouson en cuir du flic en civil. Il a publié, entre autres *Pas Papa*, (roman, Zéro-Heure, 2001), *Caïman insoluble* (poèmes, Afridic, 2003), *La Brouette des Marécages* (poèmes, Afridic, 2008).

### Pierre Ménard

Pierre Ménard est né en 1969. Il vit à Paris. Présent au travers d'interventions en revues, ainsi que sur supports sonores et sur internet, il anime depuis 2004 la Zone d'Activités Poétiques Marelle ainsi que deux podcasts audios : Marelle Radio et Page 48. Il tient également au quotidien un bloc-notes poétique sur internet. L'ensemble de ces travaux est disponible sur son site : Liminaire. Ses dernières parutions sont *Le spectre des armatures* (éditions Le Quartanier, 2007), *Quand tu t'endors* (éditions Actes Sud Junior, 2008). Il a participé également à des ouvrages collectifs, *Écrivains en séries* (Léo Scheer, 2008, collection « Laureli »).

## *Afrique*

Déjà le quotidien s'emparait d'eux et les infimes détails de la routine menaçaient de se révolter. Le passé et l'avenir ont la même distance qui nous ramène toujours à l'instant déjà terminé. Pour que nous désarmions nos pulsions de mort, il faut que nous reconnaissions en nous les peurs qui nous animent. Désarmer les blessures du passé, nos propres blessures et celles que les autres nous ont infligées, celles que nous avons héritées de nos parents et que nous risquons de transmettre à nos enfants. Regardez la vie reprendre. Écoutez les voix des morts qui s'apaisent et s'endorment dans le vent.

Sabine ne peut pas se retourner dans sa tombe ; il n'en a pas, pas eu, pas voulu, pas du tout ; il est dans le vent, dans la voix, dans le reste des eaux du Niger, dans le fonio des palefreniers de Séguéla au nord-ouest de la Côte d'Ivoire, dans la cendre des ménagères de Tombouctou, dans le vent du désert du Mali, dans les oasis de Kayi et dans le cœur des pêcheurs de Ndakaru qui abandonnent le filet pour le départ. Le départ du Dakar est terminé, le Dakar n'est plus, le Dakar n'est plus le Dakar et Dakar n'est plus Dakar non plus. Thierry aurait bien pris la pirogue à Pont-Aven pour naviguer jusqu'au cœur du Sahara s'il l'avait fallu, s'il n'y avait pas eu les sponsors et consorts. Parce que tant qu'il y aura le djebel du Toubkal, tant qu'il y aura des dunes à faire deux coups de pilon pour réduire en poussière les cœurs de pierre de ceux qui ne savent pas pourquoi, il y en a qui aiment partir, poussés par la faim ou par l'envie d'avoir faim des hommes, des espaces, du voyage, de l'exploration de l'humanité et de son territoire, sans visa, sans invitation, sans papiers ni *papières*, sans autre forme de procès d'intention, tant qu'il y aura quelque chose à faire quelque part, la réponse à l'invitation, à la sublimation de la douleur présente, passée et future, sera toujours une réponse d'esquive !

## *Banlieue*

C'est une question de tour de main. Dans la hâte de le rejoindre, il conduit comme un casse-cou, traverse des banlieues dévastées où la rage de destruction gagne toujours plus autour d'elle, affronte un labyrinthe de chemins auquel semble répondre le dédale de ses souvenirs d'enfance, où la féerie du cirque et de l'opérette pouvait à ses yeux émerveillés devenir réalité. Je ne pouvais m'empêcher de venir, ici ou là, j'oubliais d'ailleurs le froid et l'humidité ces dernières semaines. Je sais ce que vous voulez dire. Ce besoin de réaffirmer les évidences devient épuisant. Il n'y a que cela. Les chemins désertés. Par un entassement de strates successives qui accumulent les notions de jeunes réunis en bandes se livrant à la délinquance. Le soleil s'est caché, le vrai ciel est gris, les ombres terribles au milieu de ce qu'elles ont été. Le vide inhumain de la forêt désaffectée. On dit les quartiers désormais. D'ailleurs on ne revient plus que très tard. Traverser la rue dans un état incertain de chagrin aboutit beaucoup plus loin. Les raisons invoquées étaient littéraires, les intentions politiques, le motif réel, assurément commercial. De tels incidents, trop douloureux quand on aime, sont juxtaposés en une interminable série. On commence à y construire.

Non-lieu au procès des bandes au ban de la société bonne et bien. Les lieux au ban sont ouverts jusqu'à l'aveuglement de qui ne veut pas voir ne peut pas voir ne sait pas qu'il n'y verra jamais que du feu de brousse en pleine civilisation de son âme damnée pour avoir damné à travers la terre. Les quartiers de petite sécurité précèdent toujours les quartiers de haute sécurité et les quartiers de la haute se laissent toujours sécuriser par les gyrophares arrogants qui alimentent par à-coups les faits divers d'Essonne et de Rhône. Ils ont laissé le mot, avec le problème dedans ou autour. L'italique de Pierrot va énerver les journalistes. Quand on a appris à faire gober, on ne sent plus soi-même l'effet des couleuvres qui traversent les gorges transformées en passoires. Alors, une clémentine de monastère corse ou un bon filet sans os de Château-Rouge ? C'est toujours ça de quartier de pris. Ou de sauvé !

## *Clandestins*

Il n'y a pas de loi qui assure l'application des lois. C'est dommage. C'est intéressant aussi. Mais c'est surtout dommage. Au total, moi je souhaite que les pauvres soient les riches. Je souhaite que les riches soient les pauvres. Je souhaite que les lois soient scélérates. Je souhaite que les charters votent la charte du transport exclusif de marchandises de tourisme industriel, je veux dire des touristes. Je souhaite que je ne puisse pas souhaiter que mes désirs se transforment en réalité le temps d'un mandat, que Sembène n'a même pas pu toucher à la poste de Thiaroye, à cause de la signature. Je souhaite.

Fais ce que tu veux avec, pas grave, fais comme il te plaît. C'est une zone d'attente, prévue normalement pour des gens qui y passeraient trois ou quatre heures. Des conditions tout simplement honteuses et intolérables. Je ne sais plus si j'ai envie d'écrire ni de relire comme ça ces états de mots passagers clandestins mots de passe à la trappe je crois. Là, elle a été ouverte, et certaines personnes y sont depuis trois ou quatre jours. Il n'y a évidemment rien pour dormir. Les retenus, pas détenus, note la nuance, ils doivent s'allonger sur les banquettes ou sur le sol. Ils n'ont même pas la place de marcher. Ils passent leurs journées à jouer aux cartes. Ils n'ont aucune possibilité de prendre une douche non plus. Ce ne sont pas des conditions humainement acceptables. Ici, il y a des numéros d'associations affichés, mais aucun téléphone. Comment entamer les démarches dans ce cas, si vous voulez prouver que vous êtes réfugié politique par exemple ? Plus excité de courir après la queue de Mickey que de la tenir en main, dès qu'il l'aura, il ne saura qu'en faire, son grand soir sera de grand désarroi. Sans bruit fenêtres ouvertes je ferme les yeux un deux trois partez…

## *Droits de l'homme*

Je fais ce que je dis, répète-t-il à qui veut l'entendre, là où son ami Johnny chantait : « Fais ce que je dis, pas ce que je fais. » Je veux tout dire avant pour pouvoir tout faire après. Dire tout alors oui, tout ce qui vient, ce qui ne va plus. La liste est longue. La politique législative de course au sécuritaire à dominante xénophobe sacrifie au report de voix d'extrême droite les droits des étrangers, l'humanité élémentaire et, au bout du compte, les libertés de tous. Agiter le fantasme de l'immigration subie, c'est construire le racisme, c'est préparer plus d'affrontements, d'injustices, de violences.

Parole, parole, parole… *Sic transit gloria mundi*. J'ai dit !

## *Droits de vote des étrangers*

Les hommes, les femmes qui ont la chance de n'avoir de comptes à rendre à aucune personne, même pas à la leur, ceux-là, ils en ont de la chance. Les hommes, les femmes, qui écoutent des paroles heureuses et qui se sentent heureux parce que leurs oreilles entendent des paroles heureuses, ceux-là, ils n'ont pas la chance avec eux, ils ont l'illusion de la chance. Demain tu seras debout. L'avantage avec demain, c'est que même demain, il ne viendra que demain. Du coup, l'avantage se révèle être un réel ennui.

La nécessité de mieux gérer notre attention dans une société où l'information est omniprésente est sans doute la prochaine frontière que nous devrons franchir si nous ne voulons pas finir noyés sous le déluge. Même sol, mêmes droits, mêmes voix. Ma modeste proposition consiste à changer de perspective. Faire des provisions de savoir. Ajouter à son expérience. Prendre des notes qui pourront servir un jour. Les immigrés qui n'ont pas la nationalité française sont exclus du droit de vote aux élections politiques locales. La concrétisation de cette proposition a toujours été remise à plus tard. Il avait dit oui, mais il a oublié. Il arrive à énoncer des propos contradictoires sans paraître paradoxal et sans jamais être pris en défaut, c'est qu'il a un secret rhétorique : ce secret tient dans ce mot sans cesse répété : naturellement. Les municipalités ont associé la population étrangère à la vie politique locale de différentes manières, mais toutes ces structures n'ont qu'un caractère consultatif. C'est donc tout naturellement que je lui apporterai mon vote et mon soutien. Il y a un faux contact, la lumière s'éteint et s'allume, le courant saute puis faiblit. Au premier nous indiquons la règle du jeu. D'autres « modèles » voient le jour, travaillant – c'est selon – sur le processus d'amorçage ou celui de la frustration. Le jour baisse. Et l'écho du silence résonne dans le silence. Pourtant c'est mon jour.

## *Frontière*

La limite implique la mesure. Ce qui importe est moins la diffusion que la réception. Bien sûr vous troubler, vous surprendre aussi, vous transporter à huis clos, jouer l'impossible théâtre en flammes, juste pour vous et moi, échanger nos rôles pour voir. Et de farfouiller aussi bien du côté de nos désirs secrets. La frontière définit la dimension. Pendant mon enfance, je ne me souciais pas d'être heureux. Pour rire le temps d'un incendie. Quel est celui de nous qui n'a pas rêvé le miracle, sans rythme et sans rime, de s'adapter aux mouvements de l'âme, de la rêverie et de la conscience ? L'accélération est élémentaire. C'est une traversée du nombre et du chaos, de la mesure et de la limite. Ce qu'il écrit, il l'a traversé, même s'il ne croit pouvoir échapper à la mémoire inconsciente de sa lignée. En regardant avec une belle lucidité le monde tel qu'il fonctionne, en regardant ce qui compose les détails de notre vie quotidienne. Partout? Où ça? Un peu partout. Ici, ce serait passer à côté de ce qui a lieu.

La poésie est une expérience de l'enfer. Et le manque de poésie alors, une expérience de l'enfermement? On a de l'expérience en cette matière, l'expérience des maisons closes de l'administration à volets clos, des débordements de la poésie des gens qui réclament le bonheur. Depuis le temps! Vincennes, cartouche à balle réelle dans l'illusion du paradis de l'asphalte; le nom officiel est internement, rétention pas prison, pas pris pas vu, galérant sur le sol national mais délinquant sur les trottoirs de la République. Enfermez-les tous, Godot reconnaîtra les siens. Et Pierrot enverra des noms d'oiseaux dans la cage aux folles des *droitsdel'hommistes* retournés. À l'intérieur de ce problème, le petit gars qui avait rejoint la Légion après la guerre avait senti la même odeur de bonheur qui sent dans le fromage de France. Mais plus encore qu'au Centre et à l'Est, cette odeur a été sentie au-delà de la Corrèze, bien au-delà du Zambèze et jusqu'aux confins du Rio Negro. Mais le plumage et le ramage des appelés bernés par la fable n'arrêtent pas de répandre des particules, dans le décor de la scène du théâtre sans borne.

## *Identité nationale*

La question vraie est de savoir si la conscience qu'on peut avoir de l'utilisation calculatrice des valeurs par les professionnels de la parole et de la petite phrase peut favoriser la lucidité qui mène à une attitude critique dans la réception des discours. Mais il faut l'avoir, d'abord. L'identité proclamée de condition entre les identités remarquables et les identités marquées aurait pu faire espérer qu'on ne saisît pas ces tripes-là et qu'on ne les agitât point, ni dans ces conditions-là. Mais qu'est-ce qu'on avait envie d'entendre ça! C'était beau et c'était juste. C'était juste et c'était beau. Merci notre courageux qui dit tout ça *nou ka pensé adan pay la. Cé gwo francè w ka palé et sa ka monté morne.* L'identité c'est l'identité. L'identité, c'est l'identité française.

Le bouillon de culture, c'est la trace qui s'agite quand on l'agite. Lorsqu'on va changer de vie, de pays, de chef, de maître. Quand l'amnésie se fait plus insistante, j'ouvre fièrement le *Cahier.* Et se repose la question du retour. Mais retour à quoi ? Pour l'heure, c'est seulement les retours d'amours qui ont la cote. La cote ! Bien entendu, sans le circonflexe : Soleil / Ange soleil / Pour un bond / Par-delà les eaux de l'abjection / Soleil.

Le pays, pour elle, est un exil qui n'en finit pas. Elle est là, mais elle est partie depuis longtemps. Dans une apothéose de rouge flamboyant, de rose, de pourpre, ça me prend plusieurs jours. Le sentiment d'avoir fait croître sa capacité respiratoire, avec un désir souverain. Et en même temps, si on est strictement dans l'oubli, il y a quelque chose de notre identité qui est perdu. La peau du jour jusqu'au duvet de l'horizon influence les prairies secrètement baignées, le tremblement des peupliers. Il porte une chemise noire. Les mains restent dans les poches du jean. Il a l'air simple. Du montage et des images avant tout. Matière qui résiste, faisant obstacle au tapis roulant de l'intrigue et à la banalité des regards sur le monde. L'identité se construit souvent contre, ailleurs, ou par occultation. Imposer la lumière. L'identité se masque à défaut d'exister. Des airs de vieux films qu'on se repasse, avec arrêt sur image là où ça touche, blesse et remue. Si je est un autre, de quel autre alors suis-je l'autre ?

## *Immigration choisie*

Reste à sortir du débat sur les grands principes et à affronter la réalité : Comment mieux accueillir ceux qui arrivent ? Comment rompre avec les mécanismes de discrimination quotidiens qui compliquent sérieusement la vie des Français d'origine immigrée ? La situation lucide du lieu dans le jour, le bruit, le corps qui bat, la ruine d'une idée qui court dans un réseau de nerfs. Contrairement à ce que l'on croit, le problème n'est pas du côté de l'emploi. Le problème économique est ailleurs. Ces rares images du passé ont un point commun : il s'en dégage l'impression qu'eux et nous étions des étrangers les uns aux autres. Atteints d'un mal incurable : l'inadaptation générale. Toute la difficulté est là. On disait, il n'y a pas si longtemps : *Nous ne pouvons accueillir toute la misère du monde.* On le répète comme un sauve-qui-peut. On disait aussi : *Notre problème, ce n'est pas les étrangers, c'est qu'il y a overdose. Le problème social vient de l'accumulation dans certains endroits d'immigrés dont les coutumes sont ressenties, à tort ou à raison, comme gênantes par les populations préexistantes. Si vous ajoutez à cela le bruit et l'odeur, eh bien le travailleur français sur le palier devient fou. Et il faut le comprendre, si vous y étiez, vous auriez la même réaction. Et ce n'est pas être raciste que de dire cela.* Cela ne signifie pas que toute traduction est impossible, mais qu'il est possible de dire presque la même chose, en tentant de faire que ce presque soit le plus infime possible. Les quotas d'immigration font penser que le fait migratoire est géré de façon comptable, en fonction notamment des besoins de l'économie. C'est soi-même qu'on recherche.

*Wanted* alors ! T'es *wanted, wantède, ouantède.* Recherché jusqu'au fond du dictionnaire. Toi le parti pris de l'étranger. Toi le Cochinchinois, le cochon d'Inde, le Cochinois qui rend le parti dingue, toi le sale à ras béat des pâquerettes du jardin du Luxembourg. Essuie les plâtres et tais-toi. Mon électrice Hermès du XVI$^{e}$ n'aime pas les *Wanted.* Et l'appel de Neuilly n'est pas une sirène qui raconte des bobards.

## *Intégration*

Il était une fois une dame très belle qui rêvait d'un amant bien vigoureux qui sût la faire jouir de tous les plaisirs, de son monde et de ce monde, jusqu'à la douleur. Les prétendants vinrent snombreux, la dame les essaya un par un, elle les trouva tous timorés, réservés, retenus et tiraillés. Un jour lui fut présenté un jeune homme qui se mit à lui parler d'elle, de ses yeux, de sa voix, de son cou et de toutes ses grâces. La dame l'écouta jusqu'à s'endormir heureuse et comblée. À son réveil, elle était mariée avec lui, intégrée à lui, intégrée.

C'est votre personnalité qui compte pour nous. Des projets qui nous rapprochent. Négociateurs de créances. Recherchons des candidats sachant convaincre. Recrutement immédiat. Entrez dans la vie active en poursuivant vos études. Excellence des goûts, qualité de l'accueil. Goûtez au plaisir d'entreprendre. Rapide progression de carrière possible. Rémunération très motivante. Évolution possible pour candidats motivés. Attention casting mondial. Dynamique, responsable et sensible. L'engagement et la proximité. Réussir par l'alternance. Créateur d'intérêt. Vous n'êtes pas du tout fait comme les autres, cela tombe bien, nous non plus ! Vous ne ressemblez pas à tous les candidats ? Devenez des experts ! Nous avons un projet en commun. Devenir quelqu'un (en restant soi-même). Votre avenir est assuré. En cours du jour. Pour assurer votre avenir, choisissez la fonction publique. Imaginez-le dans un environnement de conquête. Se former et obtenir un diplôme universitaire. S'adapter, c'est dans votre nature. En avance, pour vous aider à avancer. Dans un monde des services où l'exigence et l'exemplarité font loi, l'adaptabilité est source de réussite. Ensemble, nous avançons. Vous avez toute votre place dans notre société. Vous disposerez d'un solide parcours d'intégration qui vous permettra d'enrichir vos compétences. Pour voir loin ensemble. Des projets qui nous rassemblent. Une expérience reconnue. Ne ratez pas votre rentrée. Excellence des goûts, qualité de l'accueil. Goûtez au plaisir d'entreprendre.

## *Patriotisme*

Les bras levés en signe de victoire. Drapeaux et pancartes noir blanc rouge brandis vers le ciel. Il pleut mais rien ne les arrête. Ils crient, ils chantent, ils invectivent, ils éructent, ils rient. J'entends de la musique. Je ne sais pas si c'est la fatigue, la déception, une image en surimpression s'imprime sur ma rétine. Et leurs chants se mêlent. *Allons enfants de la Patrie, Le jour de gloire est arrivé!* Le noir vire au bleu. *Debout les damnés de la terre. Debout les forçats de la faim. Contre nous de la tyrannie, L'étendard sanglant est levé!* Une affiche géante au dessin vieillot représente Jeanne d'Arc, avec le slogan : « Pour la France, avec Jeanne, celle qui a dit non. » *C'est l'éruption de la fin. Du passé faisons table rase. Le monde va changer de base.* La musique encore dans ma tête. Je ne sais pas si c'est la fatigue, la déception. Le bleu vire au noir. Nous ne sommes rien, soyons tout. *Aux armes, citoyens! C'est la lutte finale. Formez vos bataillons! Groupons-nous, et demain. Marchons! marchons! Qu'un sang impur. Abreuve nos sillons!*

Les rouges de l'Affiche, les quarante de Thiaroye, les muscles en sueur de Saint-Denis et de Navarre et les autres aussi. Ils n'ont jamais rien demandé; ils faisaient ça pour la beauté du geste. Parce que ce qu'est la France, ils savaient. Ils savent. Et vous? *w sav ça?*

## *Protection de l'enfance*

Dans l'*Enfance* de Nathalie, il y a déjà le cri. Dans les sous-mots du vagabondage de la pensée assise sur le baril de protection, il y a déjà le soupçon de l'avènement de l'ère de la délinquance, des *soulgards* qui veulent protéger le corps jusque dans l'âme de sa naissance à la maturité. Vous n'avez pas le monopole du cœur de palmier, monsieur le ministre de la prévention. Vous n'avez pas le monopole du cœur de pierre, monsieur le sinistre de la prétention, parce que la violence de votre douceur est le seul héritage qui nous rassemble, de l'enfance jusqu'à la mort des illusions.

Ces mouvements indistincts de l'âme qui déterminent un flottement de soi, tandis que se disperse la petite collection d'opinions et de traits supposés distinctifs que chacun considère comme son moi. Les détails que vous avez obtenus sont vraiment surprenants. Non sans mélancolie. Le mystère levé, la vérité atteinte. J'aime le drame. Mais ce n'est pas ce qui détermine mon travail. La majorité, c'est ce qui exclut tout le monde. Un de ces lieux communs qui laissent apparaître un grand respect envers des valeurs comme le travail bien fait, la parole donnée et la ponctualité. La sentence viendra : Nous avons tous un prix. Mais elle n'aura pas l'effet attendu. Leur jeu aussi est mimant, remarquable, épiant les clins d'instant. *Travailler plus pour penser moins*, dit-il. L'avenir n'existe plus pour elle. Ses jours ne sont qu'une longue attente brûlante, un désir de partir vers un ailleurs. Ne jamais couper le chemin du retour.

## *Regroupement familial*

J'essaie de découvrir les visages de ceux que nous croisons. Tout a l'air si pacifique. Alors que le débat se poursuit. Cette idée est acceptée par une courte majorité, qui y voit le moyen de lutter contre la fraude. La police des mots. C'est deux fois plus que la fraction qui s'oppose à la limitation du nombre d'immigrés en fonction de la profession, du revenu ou de la maîtrise du français. On installe un système avec deux poids deux mesures. Quand il s'agit d'étranger, obligation faite d'établir la réalité biologique de son lien de filiation. Qui peut dire de quoi est faite la mémoire de tout un peuple ? Quelles images tapissent son inconscient ? En revanche, quand il s'agit de Français résidant en France, interdiction absolue d'y recourir. Ou alors uniquement dans le cas d'une banale enquête sur le vol d'un scooter. Deux poids deux mesures.

La filiation culturelle et affective est aussi importante que la filiation biologique. On rabaisse les êtres humains, on instaure la peur. Alimenter la suspicion à l'égard de certains immigrés. Jamais le mot fraternité n'a été aussi bafoué.

Travail, Famille, Patrie. *Veni, Vidi*, Vichy. Je suis venu sur Appel, il y avait deux camps en présence, celui du grand et celui des moustachus. Famille, Fusil, Nation. On me disait dans l'empire. Cela n'était pas pire. On était parti, on était pris dans le parti pris. Je suis reparti, je suis resté, je suis revenu, je suis dans le système et le sang du système et les odeurs aussi, et la senteur de goyave verte de toutes les Salimata de Barbès de La Goutte d'Or et de Bellecour à Venissieux, et aussi dans tous les sels de moutarde des peaux de lait que nous nous sommes aimés. Travail, Famille, Patrie. *Veni, vidi,* Vichy. Je suis venu sur Invitation. Le bateau était rempli à ras bord et le sourire d'accueil de rigueur, je suis venu invité pour faire espérer Billancourt, pour augmenter la production et faire descendre les coûts de leur étage et faire monter la croissance du nombre de morts dans le luxe. *Veni, vidi, vici.* Je suis venu, j'ai vu la guerre et j'ai vaincu, pour l'empire, pour moi, pour la France. Et les moustachus pendant l'heure, semaient Ouradour dans mon Sénégal pour une poignée de sorgho. Travail, Famille, Patrie. *Veni, vidi, vici.* Je suis venu parce que j'ai vu que j'étais vaincu par la misère de la condition générale. Et l'odeur de mon sang de tranchée et la force de tous les os de mes muscles, et même la honte des champions de la zone libre n'ont pas suffi à me conférer le droit à l'indifférence perpétuelle et le mérite d'être pour toujours un travailleur de la famille et de la patrie, qui jamais ne saurait être confondu avec un cobaye de laboratoire.

## *Repentance*

Nous vivons l'histoire de tous les jours comme une expérience chaotique, décousue, kaléidoscopique, souvent absurde ; mais des historiens nous attendons de l'ordre, de la cohérence, un début clair et un dénouement net. On oublie toujours la dette coloniale. Il faut en parler, écrire et écrire encore. Sans fin. Ça n'a jamais fini. La fin n'a jamais été dite. Qui a gagné, qui a perdu ? Qu'ont-ils vécu ? Qu'ont-ils vu ? Les politiques migratoire et policière, bien sûr, mais aussi éducative, familiale et urbaine ont été réajustées par le pouvoir. On a parlé de colonisés de l'intérieur. Le législateur n'a pas à inspirer les manuels scolaires. On entend dire : Nous vivons une crise d'identité. Nous sommes passés de la fracture sociale à la fracture nationale. La France se croyait blonde aux yeux bleus ; elle se réveille noire et frisée. Et cela se voit dans le RER. Le fait victimaire se substitue au fait national. La repentance sert de sas de décompression. La France n'a toujours pas surmonté la question de la décolonisation. On n'oublie pas, on ne pardonne pas, on ne guérit pas. C'est comme cela qu'on vit et c'est pour cela qu'on écrit. Radicaliser les minorités pour s'assurer le soutien de la majorité fonctionne jusqu'au jour où les minorités additionnées dépassent la majorité, ou jusqu'au jour où la majorité prend peur.

Eh ! mon Pierrot c'est quoi cette histoire de peur, c'est toi qui as peur ou quoi, c'est parce que t'es la majorité qu'a peur que tu fais ce bouquin ? Dis-le maintenant, dis-le en face aux Français de France et d'à côté de la France même en France. T'as tout vrai dans ton analyse, mais c'est moi qui flippe de réaliser que bien de mes potes, naguère bon chic et bon genre, sont devenus des prêcheurs de respect. On veut se faire respecter dans ce pays, disent-ils. Ils sont diplômés jusqu'aux dents et ils achètent maintenant des albums de rap, pas pour les offrir aux petits frères de la dernière conquête, mais pour les écouter et les écouter encore. Si c'est ça l'addition des minorités, il n'y a pas de quoi avoir peur, il suffit d'oublier les pigmentations et relire *Pigments-Névralgies* de Damas. Il n'y a pas de quoi avoir peur, il suffit de poursuivre l'ouverture, tout le monde ne veut pas être ministre mais tout le monde veut être heureux. Si tu as raison c'est parce que mieux que la peur qui rassure, que c'est l'autre qui est méchant, il faut libérer la France de la prime du lait et récuser la prime du café manquant. Si tu as raison c'est parce que mieux que la peur qui rassure, il faut admettre que Roselmack était un non-événement.

## *Sans-papiers*

Aujourd'hui se contenter de les nommer, pour éclaircir la tête. Pour rien. Pour retenir son nom. Pour apprendre jour après jour. Le temps présent. Faut-il l'user, le prendre ou le perdre ? Le temps est-il à soi ou à tempérament ? Je vous le demande. Préparer l'énergie pour le rythme des journées. Pas tous les jours évidemment vivable ce rythme-là, mais trois jours et puis rentrer à la maison, mains des enfants qui trépignent d'impatience. Je recule jusqu'au silence. Une petite fille vient poser sa tête contre mon épaule. Je ne la connais pas. Ses grands yeux se lèvent vers moi, le pouce dans sa bouche. Sa fatigue pendant les discours du maire. Parrainage de familles sans papiers. Tout le jour, sans jamais savoir. Sans voir plus loin. Mais le temps file et c'est très vite comme tous les jours l'heure des enfants, l'heure du goûter, l'heure des histoires, le quotidien, répétitions, petit désastre pour écrire, mais mille cadeaux à la minute. J'effacerai du jour jusqu'à ma voix. Tout est trop loin de soi. Le punk n'est pas mort, il a juste mis une cravate. Et maintenant, où en sommes-nous, ici ?

Où en sommes-nous ? Où étions-nous ? D'où venons-nous ? Je ne sais que répondre. Le temps presse. Je dois rendre mon papier. C'est un travail collectif. Je ne suis pas Dieu pour créer. Je me contente d'écrire. Sur les papiers, je ne sais pas. Moi j'ai les papiers. Les papiers d'ici. Je suis citoyen. Je suis un *icitoyen*, c'est-à-dire quelqu'un d'ici, même si je ne peux pas dire où on en est ici. Mon voisin aussi c'est un *icitoyen*. Le *i* d'*icitoyen* n'est pas privatif, il est constructif. En tant qu'*icitoyen*, on n'est pas obligé de plaider pour les gens de *pas-ici* que sont les sans-papiers et les *sans-papières* et leurs enfants de plus de seize ans, de plus de dix-huit ans et de plus de trente ans ou leurs pères de quatre-vingts ans ou leurs grands-mères à peine cadettes de Jeanne Calment, calmons-nous. Avant je votais Lutte ouvrière; mes parents votaient PC et ma mère a longtemps donné son bulletin à Waechter; si j'ai voté FN en 2002, c'est parce Le Pen il parle mieux à mes oreilles; maintenant qu'il est passé dans le ventre de Sarko, je sais qu'il ne me reste plus qu'à prendre ma carte UMP. Or, en regardant les sondages, je suis envahi par le doute; du coup, je ne sais plus quoi faire. Tu vois, comme toi, je termine par une question : Et maintenant, où en sommes-nous, ici ? Nous les *icitoyens* et aussi les gens de *pas-ici* qui sont ici et même qui ne sont pas ici ? Et que je suis peut-être. Plus sûrement même que peut-être.

## *Valeurs françaises*

Sans te blaguer, parce que blaguer c'est tuer, Pierrot, la seule valeur sûre jusque-là c'était la moyenne du CAC 40. Le seul marché certain, c'était le marché financier. Et ça c'était depuis le père Ubu, donc à peu près au même âge que l'entrée de Jarry dans le patrimoine littéraire, pas vraiment de l'Unesco mais de la France au moins, donc en gros une très bonne centaine d'années. S'il faut enlever le voile avant de parler dans la France et ses lieux publics, s'il faut divorcer avant de prendre une deuxième femme, s'il faut donner la même gifle aux femmes qu'aux hommes, s'il faut sauver l'identité de la France, il faut pas charia quand même et dire les choses comme on veut pas les dire, et appeler un chat un chat, parce que, si *l'chat-est-là*, Dieu nous regarde tous. Ici c'est la terre chrétienne, même sa fille aînée de tous les orphelins des guerres de religion d'Est à l'Ouest et de l'Ouest à l'Est et même du Nord au Sud. Et avec ça, c'est la laïcité de la cité laïque de France. Et avec ça, toi 1905, avec ta gueule pourrie d'*anticleric'*, on va te faire la peau, avec les mots, une nouvelle loi, bien loi, bien faite bien sur mesure. Et, si *l'chat-est-là*, toute la France au miroir de 20 heures admirera cette Vénus de mon Vélasquez personnel, parce que c'est plus simple d'être Dieu quand on est le *Préz'*. Car l'identité de la France si t'as pas compris que cela mobilise plus que le petit Kerviel, si tu ne sais pas que ce n'est pas une carte à peine bleue, plus fort que toi, plus fort que le CAC 40 et plus fort que tout le PIB de la Chine qui me pique les boulots et les marchés, si t'as pas compris ça, alors parle, parle à ma main que je viens de donner à la petite Piémontaise.

Certains voient même des éclairs, rue des belles histoires, à commencer par essayer de comprendre. Pas de prise de parole, un emboîtage de silence et l'histoire qui enseigne qu'il n'y a pas de révolte sans espoir. Faire reculer la ségrégation territoriale, une désocialisation dont il importe de prendre conscience en échec, en rage autocentrés. On demande de la singularité individuelle sur le marché du travail, des valeurs antinomiques, au ciment d'une parole collective, des voitures à brûler. Nécessité pour le ressortissant étranger d'une évaluation de son degré de connaissance de la langue et des valeurs de la République. Transformer les victimes en coupables, rien ne permet d'imaginer un apaisement de la tension. La formule des minorités visibles mène la discrimination positive selon la couleur de la peau. Le problème initial est celui de l'impuissance des politiques face à l'économique. On ne peut pas gouverner contre ses valeurs et il s'est mis au niveau de ses interlocuteurs. Les y-a-qu'à ne suffiront pas, il faut tirer les leçons de ce qui s'est passé.

Christophe Fourvel & Abdelkader Djemaï

## Christophe Fourvel

Christophe Fourvel, né en 1965, vit près de Besançon. Il anime des ateliers d'écriture et a publié une dizaine de livres parmi lesquels *Dumky* (La Fosse aux Ours) *Montevideo, Henri Calet et moi* (La Dragonne), *Portraits de femmes magnifiques* (L'Escampette) et *Les balais d'Irina* (La Cabane sur le chien). Participe souvent à des projets mêlant écriture, danse (Geneviève Pernin) et/ou images (Lin Delpierre).

## Abdelkader Djemai

Auteur d'une quinzaine de romans et de récits dont *Gare du Nord*, *Le Nez sur la vitre* (éditions du Seuil) et *Dites-leur de me laisser passer* (Éditions Michalon) consacrés à l'émigration, Abdelkader Djemaï est né à Oran, en 1948.

Il est également l'auteur d'un ouvrage sur Albert Camus, de récits de voyages sur le Caire et la Bigorre et de chroniques sur le Nord-Pas-de-Calais. Il anime aussi des ateliers d'écriture en France et à l'étranger.

Cher Kader,

J'aimerais commencer cet échange de la plus simple des manières, en t'accueillant et en te donnant la parole. C'est-à-dire en posant un regard muet sur toi. Un regard qui dit : je ne te connais pas ; je t'écoute. Ou encore. Ce que je connais de toi n'est rien par rapport à ce que tu vas m'apprendre. Tu vas parler, t'asseoir, manger, boire et je saurai bientôt si tu es le bienvenu. Au fond, l'hospitalité dit : je ne devance pas l'expérience de te connaître par ma connaissance antérieure ou par mes préjugés. J'essaie de créer un présent, un lieu qui soit à nous. Le présent est le lieu des rencontres. Mais le présent existe très très peu. Dans le passé, l'étranger était un ennemi. Dans le futur, il menace ma place. Le passé et le futur empêchent d'entendre. Je ne pose pas la main sur le cœur et je ne m'incline pas parce que je ne suis pas porteur de ces rituels. Mais j'essaie d'être parfaitement là. Cher Kader, dis-moi un peu de ta route, de ta fatigue ou de ton plaisir. Je t'écoute.

Bien affectueusement,

*Christophe*

Cher Christophe,

Je suis heureux d'accepter ton hospitalité, car je sais que l'hôte silencieux que tu es m'accueillera avec le sourire au seuil de sa porte ; le seuil, un très beau mot, par lequel on entre mais aussi par lequel on repart. Mais peut-être vaudrait-il mieux mettre en partage la parole que tu me donnes et habiter tous les deux la maison de la langue – en l'occurrence française parce que je sais que tu ne parles pas l'arabe. La langue, l'écriture sont faites pour nommer, pour échanger, pour se comprendre. Nous sommes dans la maison de la langue d'où ni toi ni moi ne pourront être expulsés par un huissier ni par un représentant des forces de l'ordre. Je suis en France depuis 1993, je vis dans un pays qui a vécu cent trente-deux ans en Algérie, cette maison qui n'était pas la sienne et qu'il a occupée par effraction, souvent par la violence, en ne donnant pas la parole à la majorité de ses habitants.

Mon autre maison fut l'école républicaine, laïque et gratuite qui m'offrit l'hospitalité de ses bancs. De parents analphabètes, j'ai franchi le seuil de l'école parce que j'ai eu la chance d'être né dans une grande ville comme Oran. Je fus, depuis le début de la colonisation, le premier enfant de ma famille à être scolarisé en 1954. Quand je regarde dans le passé et sous mes pieds, il y a un gouffre, un vide, sans oublier la pauvreté et l'ignorance. J'ai l'âge des pères qui sont dans les banlieues, avec l'avantage peut-être de savoir lire et écrire. Ma troisième maison a été, je te l'ai dit, la langue française qui est mon présent et une partie de mon passé. En la rencontrant et en l'aimant, j'ai pu, par la traduction, accéder aux littératures, aux cultures et à la connaissance d'autres pays. Voilà, mon cher Christophe, un premier état des lieux où j'habite, les quelques routes que j'ai prises et les chemins que je continue d'explorer, sans nostalgie et sans ressentiment,

Bien à toi,

*Abdelkader*

Cher Kader,

J'accepte bien volontiers ton offre d'habiter avec toi la maison commune, celle de cette langue que nous partageons avec bonheur, même si nous devons cela à une crue dévastatrice du fleuve Histoire. Mon père, qui est à peine plus âgé que toi, est né en Algérie en 1937. Il en est parti à l'âge de onze ans puis y est retourné sous un uniforme trop grand ou trop petit. La parole qui est la sienne, qui fut la mienne, n'a guère pris en compte ce point d'origine. C'est un de ces passés dont on feint de croire qu'ils ne sont plus. Alors, né il y a un peu plus de quarante ans à Marseille, l'Algérie, cet autre côté de la Méditerranée, m'évoque plus ma propre jeunesse et une génération mal à l'aise, mal fichue, parmi laquelle j'ai compté autant d'amis que d'ennemis : ceux qui ont l'âge, comme tu le dis, d'être tes enfants et qui n'étaient pas encore des Beurs. Le Pen était borgne à ce moment-là. Le racisme ordinaire, évidemment, vivait très bien sans lui. Fils d'un pied-noir ouvrier dans les banlieues marseillaises, j'ai vu passer très près des aveuglements imbéciles. J'ai eu la chance d'avoir un père sans haine, assez épargné pour être sans rancœur, assez humble pour être sans conquêtes. Je me souviens lui avoir demandé, alors que je n'avais guère que cinq ou six ans, combien d'hommes il avait tués pendant la guerre ; il m'a répondu aucun. Puis, lorsque je le questionnais pour savoir qui avait gagné la « guerre », il m'a répondu que personne ne gagnait les guerres. Sans vouloir faire offense à ceux qui ont, à travers elle, conquis leur indépendance, la « guerre sans vainqueur » avait, à mes oreilles, le mérite d'être terne. Pas de grandeur à porter, pas d'affront à laver ; pas de mythe ni de gloire par procuration. J'ai dû chercher ailleurs du merveilleux et, tout comme toi, j'ai trouvé le seuil de la maison qui offrait une vue plus juste sur le monde. C'était naturel, sans mérite. Je me sentais un enfant différent, alors j'ai eu beaucoup de tendresse pour la différence des autres. À l'âge de huit ans, j'ai commencé à me prendre pour un écrivain. À partir de là, il était clair que la rumeur ne m'atteindrait que difficilement. Je devenais circonspect, rebelle à toute forme de grégarité. La littérature que je voulais aimer m'avait probablement déjà donné l'essentiel : la capacité de voir en chacun un individu. Je crois que cela fut son premier cadeau. J'ai dû, comme toi sans doute, payer en solitude cette lucidité. Oui, les hommes sont chacun un seul homme et j'en avais déjà fini avec tous les enrôlements pour les bonnes ou les mauvaises causes. Mais je vais peut-être un peu trop vite, cher Kader. Attardons-nous un peu, par plaisir, dans cette maison de la langue française. J'aimerais savoir comment elle est devenue ta maison. Qui y as-tu d'abord vu, reconnu ? Et quels sont les aînés qui t'y ont guidé ?

Bien amicalement,

*Christophe*

Cher Christophe,

Il n'y a pas de maison sans histoire et la mienne, qui fut sans bibliothèque, n'était pas sans mémoire. Comme tous les enfants qui ont de la chance, je lisais les illustrés, mes favoris avaient pour noms Akim, Zembla, Tartine Mariole et Elastoc. Mon héros était sans conteste Blek Le Roc, un trappeur sans peur et sans reproche, un marcheur infatigable qui se bagarrait avec les grizzlys, les Indiens et les Écrevisses, c'est-à-dire avec les Anglais. Peut-être ton père a-t-il, dans ses lectures, croisé ces personnages qui enchantèrent mon enfance. Le mien, qui n'a pas fait la guerre, était lui aussi sans haine. Il ne me souvient pas avoir entendu mes parents et mes proches dirent du mal de la France. Des militaires, de la police et des colons, oui. Des racistes aussi. J'ai vécu ma jeunesse là-bas, et je suis venu, à quarante-cinq ans, vivre ici. Je continue de rencontrer des gens bien, des Français de souche ou fils d'étrangers. Ils ne se pensent pas, comme certains, plus français que les Français. Mais revenons à notre maison. Je crois que j'ai franchi son seuil le jour où, à l'école de Maraval où j'habitais, j'ai emprunté mon premier vrai livre, un titre de la Bibliothèque verte. Il racontait l'histoire de gamins de mon âge – j'avais dix ans – qui voulaient apprendre à sauter en parachute. L'instructeur leur en expliqua tranquillement le fonctionnement. L'un d'eux lui posa alors la question de savoir ce qu'il devait faire si, en plein ciel, son parachute ne s'ouvrait pas. Tout aussi tranquillement, l'instructeur lui répondit d'en prendre un autre au magasin. Cela me fit rire et je me suis senti intelligent en comprenant, si j'ose dire, la chute de cette histoire. C'en était fait de moi, en tombant d'avion, je tombais définitivement dans les bras de la langue française. Ce fut, cher Christophe, le déclic, le coup de foudre, la passion et l'envie formidable d'écrire des livres. Rien, ni socialement ni culturellement, ne me destinait un jour à exercer le métier d'écrivain dans une langue qui n'était pas celle de ma mère. En pleine guerre d'Algérie, alors que des membres de ma famille avaient été tués, j'avais, naturellement, sereinement, amoureusement, choisi de faire mienne la langue de Voltaire, de Kateb Yacine et d'Albert Camus. Cinquante après cette histoire de parachute, des voix, entre autres celles de Giono, de Patrick Modiano ou d'Henri Calet, se sont croisées dans cette maison commune qui a, comme disait Brel, des tas de fenêtres et presque pas de murs. Une maison qui a accueilli des écrivains venus d'ailleurs, d'autres cultures, d'autres religions, d'autres langues. Ils s'appellent, entre autres, Nathalie Sarraute, Joseph Kessel, Léopold Sédar Senghor, Romain Gary, Emmanuel Bove, Samuel Beckett, Mohammed Dib…

Bien à toi,
*Abdelkader*

Cher Kader,

L'histoire est très belle de cette chute dans les bras de la langue. Il ne nous faudra pas pour autant oublier tous ces corps perdus, tombés de cieux lointains et qui n'ont pas su trouver de parachute. Mais une belle question découle de ton récit. Serions-nous citoyens d'une langue ? Tu dis que la guerre t'a cruellement touché mais tu n'en as pas, pour autant, rejeté la langue de l'oppresseur. Ce témoignage m'émeut énormément. Il est vrai que la langue française, plus que la patrie, est particulièrement affable. À la magnifique liste des noms que tu cites, je suis tenté d'y ajouter George Perec, Albert Cohen, George Steiner. Demain nous viendront à l'esprit mille autres noms encore.

Au moment où je reçois ton mail, le président français est en Algérie, essayant de satisfaire une demande de « pardon » en reconnaissant le « caractère injuste de la colonisation ». C'est trop peu pour les Algériens. « C'est un pas. » « Un début », disent certains, ici. La classe politique comme les journalistes sont, une fois n'est pas coutume, confrontés à une délicate et déterminante question sémantique. Si cela mine le cœur des protagonistes ou des victimes depuis presque un demi-siècle, cela éclipse un jour ou deux dans nos journaux la signature des contrats économiques. Il est de coutume de qualifier le président de la République de « super-VRP de la France ». Cela ne l'offense même pas. Il pose, face aux photographes, dans un site historique choisi sans doute pour la qualité de sa lumière, mais ne demande pas à faire un détour par un musée ou une salle de spectacle. Il ne rêve pas de visiter la maison natale d'un écrivain. Il ne s'intéresse pas à la langue de l'autre. Comment se fait-il que nous en soyons arrivés à sélectionner des élites dont les voyages en Chine, en Algérie, en Russie ne signifient rien qui ne soit économique ? J'exagère un peu. Il y a aussi, parmi leurs préoccupations, la question des « droits de l'homme ». Il faut oser poser la question des droits de l'homme à nos interlocuteurs un peu brutaux. Ce n'est pas tellement que cela change les politiques répressives mais cela montre que l'on a du courage. Des couilles, devrait-on dire, pour emprunter au registre implicite de nos journaux télévisés. Et cela entretient l'idée chez l'électeur que la France a toujours des leçons à donner au monde.

Le « tout-économique », nous y sommes. Si les lois les plus dures que la V^e^ République aient adoptées contre les étrangers l'ont été sous la présidence de l'homme le moins cultivé ou, du moins, de l'homme le « mieux » décomplexé par son inculture ne doit pas nous étonner. Nicolas Sarkozy assume parfaitement une donnée de notre temps : l'individu n'existe qu'en tant qu'il est « économique ». Une fois que cela est acquis, nous en arrivons, par une logique implacable, aux lois récentes d'« immigration choisie » et à la création d'un ministère de l'Identité nationale. Je ne crois pas qu'il faille dissocier les lois contre l'immigration de la politique en général. *À quoi ça sert, les RTT, quand on n'a pas de quoi payer des vacances pour ses enfants ?* avait demandé Sarkozy à sa rivale, lors du débat télévisé de l'entre-deux tours présidentiel. En posant cette question, il divulguait une approche globale du monde. Le temps libre, qui est pour beaucoup d'entre nous celui de l'enrichissement intellectuel, de la lecture, de la flânerie, du recul mais aussi de l'affection, de la tendresse, de la sexualité, de la réflexion sur soi, ne sert à rien car il ne produit pas de richesses immédiatement consommables ou exportables. De ce point de vue, l'immigré n'est rien qu'un coût, voire un risque. Quelle place, en effet, accorder à ces hommes et à ces femmes égarés sur nos berges à bord d'un radeau flottant et au gré des courants économiques ? Beaucoup n'ont pas, comme toi, d'amour pour la langue du pays de l'exil. Ils ne sont que des chiffres. Je ne crois pas à la compassion ou à l'altruisme pour des chiffres. Comment, cher Kader, rendre à l'autre une dimension humaine confisquée par les graphiques, comment lui permettre de changer le regard de celui qui le jauge ? Toi et moi pratiquons les ateliers d'écriture, c'est-à-dire que nous essayons, modestement, de restituer l'autre à son histoire, à son individualité, à sa parole. Lui donner du « je » là où il n'y a plus guère que de la masse, voire de l'hypermasse. Vois-tu d'autres réponses à cette tyrannie économique ? Je n'oublie pas que tu as eu affaire à bien des barbaries. Dis-moi, toi qui as traversé tant de pénombres, si tu crois en d'autres armes politiques qu'en celles qui placent en leur cœur la transmission de la culture et du savoir. Si, selon toi, nous avons, nous autres, d'autres missions que d'œuvrer en ce sens.

Bien à toi,

*Christophe*

Cher Christophe,

Facétieuse et tragique, l'histoire, par moments et par endroits, fait ressembler le passé au présent, dans ce qu'ils ont tous deux de moins glorieux, de moins humains. La colonisation, ne l'oublions pas, était fondée sur des prétextes civilisationnels et sur le tout-économique, l'indigène était d'abord un outil, corvéable et taillable à merci, pour produire des richesses dont il était, bien sûr, exclu. Exclu aussi de son propre pays, car il était considéré comme un étranger auquel les droits de citoyenneté étaient refusés. Aujourd'hui, entre un pardon certainement sincère et une repentance qui n'a jamais été demandée par les Algériens, l'exemple emblématique des relations entre l'Allemagne et la France mérite d'être évoqué. Trois épouvantables guerres, 1870, 14-18, 39-45, qui se sont soldées par des millions de morts et des occupations humiliantes, avec leur lot d'exactions et d'injustices, n'ont pas empêché ces deux nations de se réconcilier. Alors, pourquoi ne serait-ce pas le cas de la France et de l'Algérie qui n'a occupé, elle, aucun pays. Il me semble qu'aucun État ne peut donner des leçons au monde, car il n'est pas à l'abri de ses propres démons, d'erreurs, de manipulations et de tentations hégémoniques. Les hommes ne sont pas des chiffres, des produits manufacturés ou des appellations contrôlées, comme les vins, les fromages ou les volailles. La richesse, l'accès aux soins, au logement, à l'éducation et à la culture, oui, mais surtout pour les plus faibles, les plus démunis, car ils sont les plus nombreux. Le droit à la reconnaissance aussi. Les enfants des émigrés maghrébins, africains ou asiatiques sont aussi français que les enfants des émigrés italiens, espagnols, allemands ou autres. Outre l'apport économique, durant des décennies, de leurs pères, ils ont notamment en commun, en partage la langue française et une culture dans laquelle ils puiseront des valeurs et qu'ils enrichiront de leurs apports. Comme tu l'as dit, la République m'offre, en tant qu'écrivain venu d'ailleurs, l'occasion d'animer des ateliers d'écriture qui réunissent des Français de tous âges et de toutes origines. C'est l'une des façons de tisser, de resserrer les liens, de souligner ce qui rassemble, construit et uni. Fils d'une Majorquine pauvre et analphabète, Albert Camus l'Algérien, auquel une stèle est dédiée sur le site de Tipaza où s'est rendu Nicolas Sarkozy, n'avait jamais cessé de croire que la culture était faite aussi pour lutter contre toutes les barbaries, les préjugés et les exclusions. J'espère, cher Christophe, que ce message continuera d'être entendu.

Bien à toi,
*Abdelkader*

Cher Kader,

Je partage ton point de vue sur le fait qu'aucun État ne peut donner de leçons au monde. Le pire de l'esprit français se trouve exactement ici, à mon sens, comme d'ailleurs le pire de l'esprit américain. Maintenir des dictatures à bout de bras et continuer à revendiquer un vieil héritage des Lumières sans se rendre compte que le legs a été dilapidé depuis fort longtemps. À ce titre-là, bien sûr, le premier discours africain de Sarkozy (écrit d'ailleurs par un autre, sans doute plus dangereux) m'a fait immensément honte. Les Africains ont donc ainsi « regardé passer l'histoire », maintenus dos au mur par les armes françaises vendues aux tyrans. Comme le disait admirablement une réponse collective adressée au président français et publiée par Raharimanana et quelques autres écrivains africains dans le journal *Libération* : *Nos pères, par leurs luttes, sont entrés dans l'histoire en résistant à l'esclavage, nos pères, par leurs révoltes, ont contraint les pays esclavagistes à ratifier l'abolition de l'esclavage, nos pères, par leurs insurrections – connaissez-vous Sétif 1945, connaissez-vous Madagascar 1947 ? –, ont poussé les pays colonialistes à abandonner la colonisation. [...] Savez-vous au moins combien de jeunes Africains sont tombés dans les manifestations, les grèves et les soulèvements depuis cette quarantaine d'années de dictature et d'atteinte aux droits de l'homme ?* Oui, l'histoire est aussi faite par les victimes même si nos livres scolaires ne nous l'enseignent pas. Mais la manipulation n'épargne personne et, dans le faisceau des opprimés, brille l'Occident comme un eldorado de western-spaghetti. Notre société, cher Kader, celle dans laquelle toi et moi vivons, de ce côté-ci de la Méditerranée, semble faire rêver. Ne soyons pas stupides : aux hommes anéantis par la faim, la privation des droits, les menaces d'assassinat, l'Occident peut prétendre être un Eldorado, fût-il de pacotille. Nous fabriquons de la haine, certes, en quantité si grande qu'il lui arrive d'exploser dans nos métros ou nos banlieues, mais nous offrons quelques toits, quelques sécurités, quelques dignités. Le racisme existe je crois partout dans le monde, il est sans doute plus supportable chez les peuples moins hautains mais il n'est pas notre apanage. Je répète des choses simples pour en quelque sorte remplir le dossier à décharge car il nous faut être entendu, écouté et, pour cela, nous devons ne pas omettre les éléments de la défense. Un paradoxe mine ma pensée : l'immigration économique va dans un sens, le tourisme, dans l'autre. Si on laisse de côté l'attrait bien ordinaire du soleil et de la mer, ce double flux révèle aussi une vérité : quelque chose marche ici qui ne marche pas ailleurs et vice versa. Au moment dit de la dernière « canicule », quand nos « vieux » sont morts par milliers du fait de l'isolement, il s'est fait un consensus exceptionnel pour « vanter les valeurs de l'Afrique ». Quiconque a un peu voyagé hors des clubs de vacances a remarqué bien des choses chez nos « cousins pauvres » : l'hospitalité, la solidarité, comme ce que l'on nomme un peu à la louche la « qualité de vie » y font l'admiration et même, très souvent, émeuvent le cœur de l'Occidental. Je t'écris cela, conscient de manipuler comme un vieil album photo rempli de clichés. Mais il m'aide à penser ce qui me taraude : nous, Occidentaux, désespérons dans l'Eldorado et bâtissons nos rêves en dehors des frontières du G8. Au-delà de ces barbelés dorés, nous croyons apercevoir un rapport au monde qui ne soit pas que matérialiste, une spiritualité, une solidarité. Mais nous entendons aussi le vacarme métallique des prisons, les violences et les intransigeances religieuses. Nous guettons les espoirs sud-américains, les signes de démocraties africaines. Alors, dans cette maison de la langue française, est-il possible d'envisager un métissage qui ne soit pas que musical ou culinaire, mais réellement politique et social ? Peut-on construire ensemble un projet à cheval sur la mer qui nous sépare, nourri de nos histoires, de nos pratiques, de nos essences ? N'est-ce pas là l'apport de la jeunesse issue de l'immigration qui lui vaudrait enfin la reconnaissance ? Un apport original, une construction apportée à l'édifice commun me paraît être la seule voie d'accès à une vraie reconnaissance. Car celle-ci, nous l'avons bien compris, ne se reçoit pas mais va se chercher. Cher Kader, toi qui es façonné par ces deux cultures, sens-tu un espace de créativité politique, une terre vierge ou presque, suffisamment fertile pour que nous y plantions ensemble quelque chose de différent ? La colonisation fut le désir de s'approprier l'autre. L'assimilation serait celui de devenir l'autre. Entre les deux, pourrions-nous construire et nous construire sur un terrain nouveau et mixte qui nous respecte dans nos origines et nos acquis ? Il est sans doute temps de nous repenser comme les enfants d'Averroès. Encore une fois, bâtir sur le plus profond des terreaux, la langue, la philosophie, la connaissance, mais bâtir du politique, du collectif, un projet sociétal irrigué par nos mémoires comme par l'expérience de nos combats séparés. J'appelle de mes vœux un Paris-Dakar qui ne soit ni une course, ni une affaire de bolides… mais un chemin de discussion, une route parsemée d'échanges, de contacts, d'entraides. Une traversée plus longue et plus lente que nous ferons en mots et à pied. Un chemin initiatique pour un collectif. À la fin de la lettre que je cite plus haut, les écrivains africains demandent au président français de parler directement avec eux et non pas avec les « fossoyeurs de leurs espérances » que sont les chefs d'État. J'ai bien peur, cher Kader, que le vote et le choix de nos dirigeants ne nous apportent plus rien de positif avant longtemps. Alors, retroussons nos manches bien haut et continuons à parler à hauteur d'homme.

Avec mon amitié,

*Christophe*

Cher Christophe,

Comme tu le sais, la Méditerranée a été cette autre maison du monde où sont nées, entre autres, les religions monothéistes et l'écriture. Voilà un espace, un lieu, un lien, notamment entre le Maghreb, l'Afrique et l'Europe, porteur de plusieurs possibles. À condition, bien sûr, de le vouloir sincèrement et non pas de le penser uniquement en termes d'économie ou d'immigration choisie. Il me semble que l'Europe d'une façon générale se dérobe comme si on la sentait méfiante dans la mise en place d'une union, d'une ouverture qui pourrait menacer ses valeurs et ses équilibres pas toujours sûrs à l'intérieur de son propre territoire. Le cas de l'intégration de la Turquie est à cet endroit éloquent. Certains pays européens et les États-Unis, comme tu le rappelles, n'en continuent pas moins à soutenir des dictatures et à considérer, comme l'a fait le chef d'État français, que les Africains, impassibles et indolents, ont vu l'histoire passer devant leur nez. Que l'Europe, celle de la tolérance et des Lumières, apporte, dans le respect des autres, son soutien, en termes de solidarité, d'expérience et de codéveloppement aux pays qui ont en besoin ne peut que l'honorer et renforcer sa prospérité et sa cohésion. Il faut qu'elle comprenne aussi que la reconnaissance et le respect des enfants de l'immigration feront de la mixité, du métissage un atout pour elle et une richesse pour tous. Nous sommes tous les deux d'accord : la plus belle façon de ne pas s'ériger en donneurs de leçons ou de se poser comme modèle unique, c'est de refuser, des deux côtés, les jolies phrases, les clichés, les amalgames, les complaisances et les manipulations. L'avenir ne se construit pas seulement sur la sincérité des intentions, mais surtout sur celle des actions qui auront, sur tous les plans, été concrètement et efficacement menées. À ce niveau, il reste beaucoup à faire et tu as raison de dire qu'il faudra retrousser bien haut nos manches. Mais c'est aussi dans les difficultés, dans les incertitudes et dans les combats que se dessine l'avenir. Nous avons, cher Christophe, cité tout à l'heure les écrivains, eh bien ajoutons à celui d'Averroès les noms d'Avicenne, de Montaigne, de vieux sages de l'Afrique ou de saint Augustin qui fut un homme de synthèse entre l'Orient et l'Occident. Ils viendront visiter la maison commune qui pourrait, si nous le voulons bien, devenir la nôtre, celle habitée par des humains et non par des coffres-forts, des marchands d'armes, des démagogues ou des prêcheurs en tout genre et de tous bords.

Bien à toi,
*Abdelkader*

Mohamed Hmoudane & Claude Mouchard

## Mohamed Hmoudane

Mohamed Hmoudane est né en 1968 au Maroc, il s'installe en France en 1989. Trois ans plus tard, il publie son premier livre que Abdellatif Laâbi qualifie d'« étrange cérémonie de la parole », tant les poèmes qui le composent semblaient jaillir de nulle part. Depuis, Mohamed Hmoudane ne cesse de défier les conventions. C'est dans *Attentat*, publié en 2003 aux Éditions de La Différence, que cette entreprise de « déconstruction » se fait la plus radicale. Dans le sillage tracé par *Attentat*, Mohamed Hmoudane publie *Incandescence* et *Blanche mécanique*, respectivement en 2004 (Éditions Al Manar) et 2005 (Éditions de La Différence). Jacques Sterchi écrit à propos de *Parole prise, Parole donnée* (Éditions de La Différence, 2007) : « Flamboyante poésie héritière des grands élans comme les *Chants de Maldoror* où la guerre calcine le verbe et le ressuscite... »

## Claude Mouchard

Né en 1941, Claude Mouchard a publié *Perdre* (Berger-Levrault, 1979), *Ici* (Le Nouveau Commerce, 1986), *Un grand désert d'hommes* (Hatier, 1991), *L'Air* (Circé, 1997), *Qui si je criais... ? Œuvres-témoignages dans les tourmentes du vingtième siècle* (Laurence Teper, 2007) et *Papiers!* (Laurence Teper, 2007); il a codirigé, avec Annette Wieviorka, *La Shoah, témoignages, savoirs, œuvres* (PUV, 1999), Il a publié de nombreux poèmes ou études dans des revues ou des ouvrages collectifs. Traducteur, en collaboration, de l'anglais, de l'allemand, du coréen et du japonais, il est professeur émérite à Paris-VIII et rédacteur en chef adjoint de la revue *Po&sie.*

**Saint-Denis** le 3 décembre 2007

*Des humains errent, perdus dans un immense désert…*

Ils sont saisis d'en haut, filmés, montrés, exhibés. La caméra survole d'abord de loin les silhouettes, qui se confondent avec le mirage, puis s'approche peu à peu d'eux. On découvre alors des visages marqués par la fatigue, brûlés par le vent rocailleux, éprouvés par le désespoir.

Ce sont des humains errant, perdus dans un immense désert, quelque part entre l'Algérie et le Maroc. Ils n'ont pas eu la « chance » de traverser la Méditerranée. Ils ont eu juste le temps d'apercevoir les promontoires d'Europe – rongés par le ressac qui finira un jour par les engloutir – avant qu'ils ne soient refoulés. Ce sont des humains presque nus, couverts de haillons. Ils sont bafoués, affamés, sur le point de crever comme des chiens, ballottés entre les frontières que des compas froids et aveugles avaient autrefois tracées, s'employant à lacérer des territoires, comme autant de poignards restés plantés dans l'âme qui ne cesse de saigner : *Les blancs débarquent. Le canon ! Il faut se soumettre au baptême, s'habiller, travailler.*

*Des humains errent dans un immense désert…*

J'éteins la télé et descends au bar le plus proche. Je dilue dans l'alcool les images ingurgitées, puis me mets à vomir. Je sens les mots, je les vois ruisseler de ma bouche et s'aligner comme des filets de sang sur la page :

« L'œil du satellite balaye au laser Hadès et Olympes – au point *x* comme en *Terre Sainte* une digue en béton armé haute de mille mètres couronnée de barbelés miradors caméra infra-rouge est dressée pour parer le déluge noir, la crasse du monde – je troque mes cadavres tous l'un plus nègre que l'autre contre du poison – j'en ingurgite assez pour irriguer mon âme assez pour qu'il y pousse des fleurs carnassières puant – indignes de vos jardins Majorelle… »

Est-ce là un pur élan compassionnel, expiatoire ?

Le bar est bondé d'immigrés, ceux qui ont eu la « chance » de traverser la mer, dont une bonne partie, « sans-papiers », trime au noir. Protagonistes malgré eux de ce qu'un certain discours politique appelle l'« immigration subie ». C'est qu'il faut désormais sélectionner, trier, éliminer la mauvaise graine, parce que la France en a assez d'accueillir « toute la misère du monde » ! Il faut que le futur candidat soit digne de cette grande nation ! La rupture est en marche ! En grande pompe ! D'une manière ferme ! Ostentatoire ! Criarde ! Agitée !

L'immigré, l'étranger, l'autre : le danger extrême ?

La peur est tout le temps fantasmée, sublimée. Sans cesse recyclée. Venin distillé. Lentement inoculé. Il n'y a qu'à lire des « tribunes d'opinion » où officient quelques pseudophilosophes, *néo* et *post* je ne sais quoi, quand ils ne bavent pas leur poison, se complaisant dans leur petite suffisance, devant les caméras télé. *Idéologues* d'un « nouvel ordre », embusqués derrière un *humanisme* de pacotille. Courtisans du monarque que la République vient de choisir pour concubin.

La rupture est en marche ! La procession baigne dans les paillettes étincelantes ! Le grand show commence ! Les horloges et les carillons sonnent en concert l'heure de gloire, jusque dans les trous les plus reculés ! Le bon « peuple » va être gâté !

Le bar est bondé d'immigrés maghrébins. Pas l'ombre d'un seul *gawri*. Rien ! Nous sommes seuls, entre nous. « Nous » ! Mais qu'est-ce que cela veut dire au juste ? Et qu'est-ce qu'un Maghrébin déjà ? Et d'abord, qu'est-ce que la France ? Où se situe-t-elle ?

Je reprends un autre verre et, en sortant mes cigarettes, je fais tomber ma « carte d'identité » frappée à l'effigie de Marianne. Mais je suis français putain ! Je cesse d'être un sujet ! Je suis un citoyen ! Un enfant de la *Patrie* !

*Papiers !*, écris-tu, cher Claude. Papiers ! Sommation à décliner coûte que coûte son identité comme si elle était figée, immuable, comme si la flicaille pouvait réellement la contrôler !

Un homme n'est-il pas une géographie aussi infinie que l'univers même, exempt de toute frontière ?

Dans l'attente de te lire, je t'adresse mes amicales salutations.

Sincèrement.

*Mohamed Hmoudane*

*« Des humains errent, perdus dans un immense désert. »*

Oui, cher Mohamed, ton texte (écrit comme une lettre, mais une lettre « ouverte » : exposée sur le flanc à tout regard) parle de ce qui a lieu en ce moment, à tout instant.

Il parle d'« errances » aujourd'hui innombrables.

Le xx^e^ siècle aura été le temps de destructions massives de populations, mais aussi celui de déplacements, d'exils et d'exodes.

« Je m'étais toujours demandé, au cours des derniers mois, où pouvaient bien se déverser ces rigoles, ces égouts de tous les camps de concentration, ces soldats épars, les mercenaires de toutes les armées, les profanateurs de toutes les races, les déserteurs de tous les drapeaux. C'était donc ici que cela se déversait, dans ce canal, la Canebière, et, par ce canal, dans la mer, où il y avait enfin de l'espace pour tous, et la paix. »

C'est la romancière allemande Anna Seghers qui, *via* le regard d'un personnage de son roman *Transit*, évoque le chaos du temps de la Seconde Guerre mondiale et du nazisme. (Il reste que l'auteur elle-même, communiste, aura une position au moins équivoque dans la RDA d'après-guerre.)

Et elle écrit encore : « Avant-garde des réfugiés, ils affluaient sous mes yeux, avec leurs drapeaux déchirés, de toutes les nations et de toutes les croyances. Ils avaient fui à travers l'Europe entière mais, devant l'étroite eau bleue qui miroitait innocemment entre les maisons, ils étaient à bout de ressources. »

Ou bien je pense, avant elle, à l'immense Platonov, à l'exode absolu que dit la fiction *Djann*. Si j'avais le temps, j'irais en chercher des passages et je te les recopierais…

(Est-ce que je cite ou voudrais citer excessivement ?

Toi aussi, tu cites, dans ta lettre.

Nous nous sommes connus, Mohamed, en lisant ensemble, à Paris-VIII, dans les courants d'air et coups de vent, venus du monde entier, de l'énorme université.)

*« Des humains errent, perdus dans un immense désert. »*

Ce dont tu parles, en poète, n'a rien d'un roman.
Et cela n'arrive pas seulement dans le désert, là-bas.
C'est aussi
(au mieux ?
dans les cas où quelques-uns, les plus chanceux, après le désert, auront traversé la mer, auront franchi les obstacles au débarquement, puis seront parvenus à prendre un train, pour se retrouver dans les rues…
et c'est, telle nuit, « le 115 », telle autre, la rue, la pluie, le gel
mais aussi, et de plus en plus souvent, un contrôle, une arrestation, l'expulsion)
(c'est ce qui vient jusqu'ici – par exemple dans la ville d'où je t'écris, à Orléans, au bord de la Loire, à côté de nous, parmi « nous » (quel « nous » alors ? )
et donne lieu à la brutalité d'un pouvoir
qui en tire gloire et crédit.

Je martèle des choses sues de tous. Mais ces choses sont connues différemment des uns et des autres. Comment sont-elles sues ou vues (télé) dans ce « bar… bondé d'immigrés maghrébins » dont tu parles ?

Qu'est-ce, par rapport à ces choses qui arrivent « là-bas », dans le désert, ou tout près, dans les rues, ou à l'égard de ceux qui enfin parviennent jusqu'ici, à Paris, à Orléans, que cet « entre nous » dont tu parles – sans « l'ombre d'un seul *gawri* » ? ce « nous » d'immigrés maghrébins que tu me dis… à moi, dans ta lettre, ou que tu dis à quiconque, dans cette lettre « ouverte », à ce qui ne peut être un « nous » ?

*« Des humains errent dans un immense désert »*
reprends-tu un peu plus loin dans ton texte.

Ce présent que tu emploies, manifeste, disant la simultanéité, notre impuissance. Comme tout le début de ton texte-lettre – un paragraphe comme encadré par une quasi-répétition –, il t'aura été inspiré, ou imposé par la télé.

J'ai soudain l'impulsion de t'envoyer un poème qui, précisément, est en proie, insomniaque, à la télé.

Il est du poète italien De Signoribus qui, dans ces vers (et peut-être plus généralement), se révèle halluciné de télé.

De Signoribus se brûle-t-il l'attention, insomniaque, à ces reportages qu'on ne voit que tard dans la nuit ?

Son poème fait voir une prolifération de télés ; il voit ou s'aveugle avec elles. Les innombrables écrans pâles, que nous donnent-ils ? Ils dévorent leurs propres images…

*Paysage*
*le terrain est un lieu d'écrans mobiles toujours allumés :*
*ils font face à tout un chacun, aveuglant et beuglant.*
*Vus d'en haut, on dirait des bouches éternellement*
*ouvertes… : elles consument leurs propres images*
*sanguinolentes ou mielleuses, d'une même vocifération*
*obtuse… Parmi les guerres et*
*les marchandises, un bonimenteur disparaît parfois, pris*
*d'un moment de fixité. On n'a pas le temps de se demander*
*où a transmigré sa vie feinte.*
*À perte de vue, les lieux se couvrent d'écrans et de mini-écrans*
*qu'on ne peut plus éteindre…*

Mais maintenant, ces 9 et 10 janvier 2008, sous l'effet de ton texte, je voudrais faire un saut de côté – ou un peu en arrière dans le temps. Ce serait pour reprendre une note prise, il y a un peu plus d'un mois, pour une tentative alors – et aujourd'hui encore – en cours.

Par exemple, simplement :

4 décembre 2007

Khaled passe (comme un bon nombre d'autres fois) vers 18 heures. Nous nous asseyons dans la cuisine : nous prenons, comme il dit, « un p'tit café ».

Mohamed, j'aurais envie ici de parler – entre « nous », toi et moi – de Khaled, Soudanais, originaire du Darfour.

Il s'agit de la vie de quelqu'un, ou de la possibilité, pour lui, de continuer à vivre.

(Deux ou trois fois, Khaled, en passant sa main sur son visage comme s'il l'effaçait dans l'air, m'a dit qu'il lui était arrivé de perdre l'envie de… continuer.)

Mais je n'aurai pas le temps ni la place, ici.

Et surtout, je ne suis pas prêt.

Ou plutôt « nous » ne sommes pas prêts, Khaled et moi.

Quel « nous » spécifique, d'ailleurs, constituons-nous, par moments, dans la cuisine ? Un nous récent, fragile. À soumettre au doute ?

J'essaie de comprendre ses phrases. Il parle volontiers, si on prend le temps, lentement, avec précision… J'imagine qu'il n'a aucune imagination des phrases écrites, aucune représentation des segmentations, des mots, de leurs combinaisons, rien d'autre que ce qu'il reçoit par l'oreille, depuis maintenant au moins trois ans…

Dans ton texte ou ta lettre, tu fais allusion, Mohamed, à *Papiers!* une sorte de long poème « déroulé » que j'ai publié au printemps 2007.

Or, j'y parlais, sans le savoir, de Khaled. Je ne pouvais pas prévoir alors qu'il entrerait, quasiment, dans la famille, ou que nous constituerions, en tout cas, un certain « nous » – nouveau, en suspens, comme une question, dans la cuisine par exemple.

Trois mois après la publication de *Papiers!* (et sans aucun rapport, bien sûr, avec cette publication), Hélène (tu la connais, même si nous ne nous sommes pas vus depuis si longtemps) a été abordée dans la rue, un soir de fête, par quelqu'un qu'elle n'a sans doute pas reconnu tout de suite, mais qui s'est présenté, avec des paroles difficiles à comprendre...

C'était l'un des deux hommes dont je parle en un endroit de *Papiers!*

Je ne vais pas citer *Papiers!* Je résume...

Il y a peut-être trois ans, Hélène a été alertée : un groupe d'hommes, sans doute du Darfour, se trouvaient « réfugiés », dans des conditions très précaires, au bord de la Loire, sur un terrain en friche.

Nous – avec nous deux, il y avait le correspondant du *Monde* à Orléans – nous sommes aussitôt rendus à cet endroit.

Nous avons découvert, en effet, une trentaine de personnes (une seule femme). Tous s'entassaient, la nuit, ou quand il pleuvait, dans de petits édicules en béton – des restes, sans doute, de jardins ouvriers depuis longtemps abandonnés et envahis de broussailles sales...

Ils ne vivaient que de l'aide de quelques personnes appartenant à des associations. Le seul point d'eau proche, la municipalité (non pas celle d'Orléans, mais d'une banlieue) l'avait fait fermer.

Au moment où nous repartions, deux hommes se sont dits malades. Nous les avons conduits à l'hôpital – en vain, c'était un dimanche –, puis chez un médecin de garde. Dans la salle d'attente bondée, j'avais essayé de parler avec l'un des deux hommes : rien de plus que quelques mots de mauvais anglais. C'était Khaled.

Dans les jours qui ont suivi, la préfecture (y a-t-il eu un article dans le journal local? dans *Le Monde*? J'ai oublié) est intervenue.

Et bientôt il n'y eut plus personne à l'endroit où nous avions rencontré ces hommes et cette femme.

On – qui ? – nous avait dit que, originaires du Darfour, ils avaient été régularisés.

Or, nous n'en sûmes rien alors, ce n'avait pas été le cas de Khaled. J'essaierai, ailleurs, plus à loisir, d'expliquer pourquoi. Il s'est retrouvé sans papiers, mais non expulsable. Quand la police l'arrêtait, elle ne le gardait que quelques heures, avant de le remettre dans la rue.

C'est donc plus de deux ans après qu'Hélène a rencontré Khaled dans la rue. Et, dans les jours ou dans les quelques semaines qui ont suivi, nous l'avons vu plusieurs fois. Bientôt, dans notre maison, vieille grise maison familiale, un studio s'est trouvé libre : il y habite désormais.

Et des « papiers », enfin, ont pu être obtenus pour lui – non pas définitifs, il est vrai, mais à renouveler régulièrement.

J'aurais voulu, Mohamed, t'envoyer quelques exemples des notes que je prends lorsque Khaled vient ici, dans la cuisine, parler une heure ou deux. Mais c'est trop tôt, ou bien ce serait un choix arbitraire, ou une mise au point hâtive qui détériorerait quelque chose de l'entreprise.

Mais j'aurais voulu, en même temps, t'envoyer quelques questions que nous – toi et moi –, pourrions nous poser sur la poésie et la politique (mais ces lourdes unités aussitôt m'inspirent des doutes).

Toi… ?

Tu écris par exemple, au début d'un poème de *Attentat* :

Ainsi
J'allume une fenêtre dans l'âme mais
Je ne suis pas poète : je n'ai point connu la prison ni
Le luxe du bannissement

Et quant à moi, j'aurais aimé, en dépit, ou plutôt à la faveur, de notre différence de générations et en recourant à nos provenances éloignées l'une de l'autre, te dire – ou, dans le doute où je suis, te

« soumettre » – ce que m'apparaissent avoir été, pour « quelqu'un comme moi », enfant ou adolescent français de province dans les années 1940-1950 (temps voûté, brunâtre), ces deux trouées parfois confondues, parfois tout autres que furent ou qu'auraient voulu être la poésie et la politique. Deux puissances de refusion, de remêlement de données trop opaques, et, soudain, à travers tant de lourde épaisseur, deux percées étincelantes, libératrices ?

Ou plutôt : il me faudrait parvenir à te dire (texte-lettre) comment, aujourd'hui, je crois sentir – si tard ! – que tout (ou presque) ce qui, dans les années d'enfance-adolescence de « quelqu'un comme moi », quiconque dans les mêmes conditions, aurait dû être évidences fondatrices en vol, sensations d'appuis dans l'air, goût de vivre-donner fusant – rien de pur, rien de sûr, mais tout de même un peu d'aide, de promesse – se trouvait intercepté, biaisé, tordu de laideur par les guerres d'alors, l'obscure complicité, bêtise et lâcheté sacrificielle de tous, et dans les choses mêmes, les rues..., aimer la clarté ou la nuit, l'espace même, les instants, était partagé du sentir boueux...

« Nous », Khaled et moi, nous sommes mis d'accord, il y a plusieurs semaines, pour qu'il raconte régulièrement, patiemment (les mots lui manquent souvent) son départ, son voyage, son arrivée et ce qu'il a connu depuis qu'il est en France.

Nous sommes à mi-parcours. Il ne peut pas lire ce que j'écris. Mais nous avons convenu que je lui relirai tout, phrase après phrase, en prenant le temps qu'il faudra.

Nous nous connaissons assez, désormais, Khaled et moi, pour qu'il puisse, parlant dans la cuisine, revenir sur des souvenirs apparemment négligeables, pour qu'il rouvre des instants passés et en laisse s'échapper et réaffluer des nuées de détails – par exemple sur la traversée (durant laquelle, dans des conditions physiques épouvantables – comment manger, pisser, chier, comment ne pas tousser, comment, presque, ne pas respirer – il fut, comme les autres, terrifié à l'idée qu'on pourrait le droguer, le jeter à la mer) de la Méditerranée, comme si des traits effacés se reformaient qui se mettaient à flotter entre nous… là… au-dessus de la table qui, quand nous parlons, nous sépare – ou nous réunit.

Il y a trois ou quatre mois, nous avons, Khaled et moi, décidé de prendre quelques heures pour remonter le long de la Loire et pour retrouver quelques-uns des endroits où, durant le temps si long où il fut dehors (à l'exception des quelques nuits, les plus glacées, où on l'admettait, plus ou moins clandestinement, dans un foyer, où il dormait dans la cuisine, la tête sur la table), il cherchait à s'abriter pour dormir.

Je repasserai par écrit, plus tard, sur ce retour.

Au bout de cette remontée, nous – Khaled et moi – sommes arrivés à l'endroit où nous – Hélène et moi – avions pour la première fois, et parmi d'autres, rencontré Khaled.

Plus de petites baraques en béton. Plus de broussailles. Tout a été rasé.

Quelques centaines de mètres plus loin, depuis la route où nous nous tenions (et qui, dans cet endroit du val de Loire, est en surplomb, sur une levée, par rapport aux terrains environnants), Khaled m'a montré une maison, que nous voyions presque du dessus. Elle était plutôt dégradée, mais, apparemment, en cours de réfection.

Cette maison, un an plus tôt, Khaled, m'a-t-il raconté, l'avait « squattée » (il connaît ce mot) avec un copain. Elle était vide et ouverte. Il y avait une cheminée et, le froid étant insupportable, ils avaient ramassé du bois et fait du feu.

« Un homme (m'a dit, à peu près, Khaled) habitant un pavillon voisin a vu la fumée et a appelé la police. Les flics ont demandé nos papiers, vu notre situation, nous ont fouillés, ont fouillé la maison : pas de drogue, pas de filles… Ils ont donc essayé de calmer celui qui les avait appelés : rien, lui ont-ils dit, de dangereux. Mais l'autre : « Je vis là avec ma famille, j'ai peur, emmenez-les ! »

Nous regardons, Khaled et moi, de notre position en surplomb, cette maison voisine. Une cour devant, un jardin potager derrière. Un homme sort de la maison. Khaled n'est pas sûr de reconnaître celui qui, dans cette nuit d'hiver, était arrivé avec la police. L'homme va à sa voiture garée dans la cour, puis rentre chez lui.

Saint-Denis le 4 mars 2008

Cher Claude,

Tu commences ton texte par des allusions aux événements tragiques qui ont traversé le xx$^{e}$ siècle et tu démontres par la même occasion comment la littérature, à travers les quelques romanciers que tu cites, s'en est largement inspirée.

Je suis persuadé que, si tu remontes le temps ainsi, c'est pour dire à quel point la question, les questions que nous tentons d'approcher sont complexes. Qu'elles prennent peut-être racine dans ce terreau creusé par la folie des hommes, irrigué de sang, fertilisé de cadavres…

Nous savons tous combien la mémoire est nécessaire. Mais tu conviendras que, si elle enfle, elle risquerait d'occulter le présent et de brouiller, de ce fait, l'avenir même. Il ne faudra pas pour autant entendre ces phrases comme si elles pointaient du doigt ton texte, mais considérer qu'elles tentent de mettre à nu tous les discours, dont celui qui martèle l'« immigration choisie », qui tendent à instrumentaliser la mémoire, jusqu'à la pervertir ! Ou comme si elles appelaient à faire « table rase » du passé, à une totale amnésie qui ferait de nous des « hommes perpétuellement neufs » !

Ce passé, comme tu le dis toi-même quand tu évoques des périodes « lointaines » de ton existence, fait partie de ta « géologie » personnelle, comme autant de strates qui participent à l'édification de ton « être » ; ce « sentir boueux » qui te colle à la peau, je voudrais le partager avec toi, me l'approprier, au nom de notre humanité, « en dépit, ou à la faveur, écris-tu, de notre différence de générations ».

Tu me parlais aussi dans ta lettre de Khaled, soudanais du Darfour, échoué avec d'autres aux bords de la Loire. De ses traumatismes, de ses angoisses, de ses difficultés d'être… Le Darfour, « théâtre » d'une autre tragédie, plus proche de nous à l'aune de ces événements que tu cites tout au début de ton texte, tragédie dont les metteurs en scène – comme dans bon nombre d'autres tragédies – distribuent, en l'absence des dieux, les rôles à leur guise, bourreaux par-ci, victimes par-là, dans un décor grandeur nature : désert, hommes voilés harnachés d'armes, juchés sur des dromadaires ou des chevaux, populations déplacées quand elles ne sont pas massacrées, équipes humanitaires…

Peu importe à ces « metteurs en scène » qu'un homme comme Khaled soit condamné à fuir, à être contraint de demander asile dans un pays qui rejette d'une manière de plus en plus accrue des gens de sa trempe.

Khaled et bien d'autres, au Darfour comme dans toutes les zones de tensions, ne sont, dans la logique de l'échiquier géopolitique – j'emploie à dessein le jargon des « analystes » – que des pions à flamber !

« Je vis là avec ma famille, j'ai peur, emmenez-les ! »

Entre le « vivre là » et la « famille », s'immisce brutalement la « peur », le « sentiment grandissant d'insécurité » ! Khaled et les autres sont d'emblée perçus comme une menace qu'il faut déloger, expulser ! J'ai récemment pensé à Khaled et à ce « bon et honnête citoyen » qui a appelé les flics : j'étais attablé à la terrasse d'un café, dans le treizième, en compagnie d'un ami syrien, un poète, quand un homme qui paraissait la cinquantaine passée a surgi de l'intérieur et s'est mis à gueuler dans notre direction : « Al-Qaida en France ! Al-Qaida en France ! » Je me demandais si cet homme dont les regards suintaient d'une haine gratuite aurait pu proférer des paroles aussi insensées si le terrain n'avait pas été au préalable balisé, si la haine de l'autre n'avait pas été banalisée, ou si ses propos ne s'appuyaient pas en revanche sur une longue tradition, sur un solide socle raciste !

Quand la droite «démocratique et républicaine» crie haut et fort qu'elle est désormais décomplexée, il faut s'attendre à tout !

Elle draguait sans scrupule l'«électorat lepéniste» «fragile et désœuvré» en même temps qu'elle affichait, une fois au pouvoir, un gouvernement «haut en couleur» ! L'ouverture est tellement béante qu'elle engloutit le sens même ! Et cette perte de sens, ce flou idéologique, risquerait de rendre propices tous genres de dérapages…

Je voudrais maintenant revenir, mais d'une manière succincte, sur les questions que tu posais à propos de la poésie et la politique. Je dois t'avouer que j'éprouve avant tout l'écriture comme une pratique brute, charnelle, convulsive, sans m'encombrer, sans «parasiter» cette pratique par le penser, par des questions d'ordre théorique. Il n'en demeure pas moins que je considère indéniables, inextricables même les liens entre littérature et politique, dans la mesure où l'acte d'écrire, dans sa perpétuelle quête de sens, redéfinit en permanence nos rapports au monde et dès lors qu'il participe, me semble-t-il, de l'entreprise d'interrogation et d'élucidation de ces rapports.

Quant à ce nous que j'évoquais, il demeurait, déjà que je le cernais par des guillemets, un nous circonstanciel. Il est propre à cette lettre que je t'ai envoyée, à l'ordre dans lequel les phrases, qui constituaient sa trame, se déployaient. C'est un nous fictionnel, «fantasmatique», mais qui est bien ancré dans la réalité d'un bar de banlieue, un nous que «chacun de nous» cherche à éviter ou à rejoindre, un nous fait de plusieurs parcours, de plusieurs destins, d'individualités : autant de versions propres et uniques du monde ! Il ne suggérait l'idée de «communauté», d'un repli sur soi que pour révéler le processus de ghettoïsation, de rejet dans lequel des «politiques urbaines» engageaient les populations immigrées, en l'occurrence les Maghrébins.

Bien à toi

*Mohamed Hmoudane*

Orléans, le 5 mars 2008

Cher Mohamed,

Merci pour ta réponse. Elle est riche et agitée ; elle ne va pas cesser de m'agiter au-delà de ce que nous pouvons nous dire dans ce bref échange (pour lequel, en vertu d'une décision initiale qu'il vaut mieux respecter, le temps nous est compté).

Bien des choses se sont passées entre la première réponse que je t'avais envoyée et ta propre réponse à cette réponse… J'ai passé huit jours en Israël – pour des exposés et débats, spécialement autour des musées sur la Shoah, en particulier celui de Yad Layeled, destiné à la jeunesse. J'ai vu, entendu ou cru deviner là-bas (qu'il s'agisse du passé ou du présent) bien des choses diverses, terribles en bien des sens multiples ou, souvent, violemment contradictoires… Pour n'évoquer (trop facilement ?) qu'un instant : devant des photos d'enfants prises à l'ouverture d'un camp nazi, un homme à côté de moi (venu, comme moi, de France, et généreux, libre, souvent volubile) m'a dit soudain : « Moi aussi, j'ai vécu ça, j'ai été, enfant, déporté à Buchenwald » – « Mais, lui dis-je, on dirait que tu n'en parles pas ! » – « Je n'hésite pas à en parler, mais jamais publiquement… » Je n'ai pu, ébranlé, regard brouillé, qu'aller m'asseoir dans un coin.

Ce n'est pas le moment ou, ici, l'endroit d'en dire davantage. Simplement, à l'évidence, ces chocs, de jour en jour, me déplacent (comme ils le font ou le feraient pour quiconque) ; ils infléchiraient probablement, si nous poursuivions notre échange, ce que je pourrais te dire…

Autre événement, survenu peu avant ce voyage : la rencontre de Boualem Sansal au festival de Bron : nous avons parlé (publiquement puis en privé) de son roman *Le Village de l'Allemand*, que j'ai lu avec passion. Il y aurait tant de questions politico-littéraires à recevoir de ce livre et de son auteur. Comment faire ?

Je continue, bien sûr, les conversations avec Khaled. Nous revenons tous deux, désormais, patiemment, sur les premiers retours que nous avions tentés (en parlant, mais aussi en marchant le long de la Loire) sur son itinéraire et sur sa vie-survie pendant des mois dans les rues d'Orléans, sous les ponts ou dans les îles du fleuve : il nous faut en fixer les traces écrites, jusqu'ici encore hésitantes ou embrouillées, en suspens.

Et puis j'ai envie de revenir à un point de ta réponse (mais il est un peu tard)...

Ce « nous » que tu employais dans ta première lettre, je l'ai interrogé comme j'essaie d'interroger tous ces « nous » qui apparaissent, se constituent, ou sont impliqués quand on parle, quand on se côtoie dans les mêmes lieux, quand on se divise ou même s'affronte – ou quand, toi et moi, nous (nous) écrivons.

Ils font partie, ces « nous » (emprises figées ou furtives, trop formulées ou inaperçues), de ce qui nous tient inévitablement et, souvent, cruellement. Parler comme nous venons de le faire, c'est travailler ces emprises. Écrire et s'écrire (comme toi et moi l'avons fait brièvement), c'est métamorphoser « ce qui nous tient » en « ce à quoi nous tenons ».

Amitiés,

*Claude*

*Remerciements à Omar Berrada et à Liliane Giraudon*

Cet ouvrage a été composé en Adobe Caslon Pro et en John Doe
par les soins d'Ici & ailleurs
Conception de la couverture : Gilles Colleu

Achevé d'imprimer sur les presses de Darantiere à Quétigny (Dijon)
Dépôt légal octobre 2008 - N° d' impression : 28-1195
*Imprimé en France*